达人带路！ 巴黎游透透！

巴黎

好吃好玩真好买

《好吃好玩》编写组 编著

中国旅游出版社

巴黎·好吃 好玩 真好买
CONTENTS 目录

好买　　　　BUY

3 卢浮宫　　043

好玩　　　　PLAY

4 加尼埃歌剧院　052

好玩　　　　PLAY

好吃　　　　EAT

好买　　　　BUY

12 里昂　159

好玩　PLAY

13 马赛　173

好玩　PLAY

好买　BUY

巴黎・好**吃** 好**玩** 真好**买** 推荐

PARIS

Part 1 巴黎吃玩买,**开始!**

Part 2 快捷**交通**, 玩遍巴黎!

Part 3 必玩必吃必买! 巴黎**旅行胜地**10选!

600

Part1

巴黎吃玩买，开始！

印象

法国作为欧洲浪漫风情的中心，不仅历史悠久，而且拥有如画般美丽的自然风光。浪漫的法国拥有遍布全国的名胜古迹、风情万种的花都巴黎、美丽迷人的蓝色海岸、盛开着薰衣草的普罗旺斯、美酒飘香的波尔多……无不充满独特的魅力。法国人在创造了无与伦比的文化艺术成就的同时，在时装、香水、葡萄酒方面的成就更是孕育了法兰西民族的浪漫与从容。

地理

三面邻海的法国位于欧洲西部，是西欧面积最大的国家，总面积为551602平方公里，法国国内地势东南高西北低，法意边境的勃朗峰海拔4810米，为西欧最高峰，法国南部地中海上毗邻意大利的科西嘉岛是法国的最大岛屿。

气候

法国气候多样，其中西部属海洋性温带阔叶林气候，南部属亚热带地中海式气候，中部和东部属温带大陆性气候，一年中大部分时间气候温和，夏季南部和东部最高气温可达24℃。

区划

法国本土共划为阿尔萨斯、阿基坦、奥弗涅、勃艮第、布列塔尼、中央区、香槟－阿登、科西嘉、弗朗什孔泰、法兰西岛区、朗克多克－鲁西永、利穆赞、洛林、南部比利牛斯、北部－加来海峡、上诺曼底、下诺曼底、卢瓦尔河地区、皮卡第、普瓦图－夏朗德、普罗旺斯－阿尔卑斯－蓝岸、罗讷－阿尔卑斯22个大区；瓜德鲁普、马提尼克、法属圭亚那、留尼旺四个海外省；法属波利尼西亚、新喀里多尼亚、瓦利斯群岛和富图纳群岛、马约特岛、圣皮埃尔岛和密克罗西亚岛6个海外行政区和法属南半球和南极领地。

人口及国花

法国人口约有6502.7万人，其中本土人口6279万。法国国花为鸢尾花。

Part2 快捷交通，玩遍巴黎！

航空

法国国内各主要城市间有法国航空（AF）、AOM法国航空（IW），以及专门飞国内的Air Inter Europe (IT) 和 TAT航空（IJ）四家航空公司的航班运营，此外还有很多欧洲廉价航空公司的航班在法国国内各城市之间飞行。

火车

法国铁路系统覆盖了法国国内大部分地区，以巴黎为中心连接法国各大主要城市的TGV高速火车是世界上速度最快的列车之一，游人可搭乘TGV前往波尔多、里昂、普罗旺斯等地。如果购买法国铁路公司专供国外游客使用的火车通行证，可在一个月内任选一定天数搭乘法国境内火车，不仅车票可以打折，还可以享受很多优惠条件。

巴黎交通

巴黎市区有三种轨道交通系统，分别为市中心有14条线路的地铁METRO、通往周边郊区和卫星城的近郊快速铁路RER、在市区周边行驶的有轨电车，是巴黎最方便快捷的交通工具。巴黎地铁单程票价为1.4欧元，在车票有效时间的45分钟内可以任意转车，也可以换乘市中心区域内运行的RER列车。一次购买10张的地铁联票为10.5欧元，儿童票5.45欧元。

公交车

巴黎市区内的公交车大部分是运行在地铁无法到达的区域，但车票可与地铁票通用。游人在巴黎公交车站等车时需要举手向司机示意，之后从前门上车，下车时需要提前按车里的按钮。

出租车

巴黎市中心大约每隔100米就有一个出租车等候点，只有在附近没有出租车等候点的地方才可以直接招手叫车。巴黎出租车分为三种计价方法，白色车顶灯的出租车只在市区运营，10:00—17:00每公里0.86欧元；红色车顶灯的出租车在市区平日17:00—次日10:00，周日7:00—24:00，郊区平日7:00—19:00每公里收费1.12欧元；蓝色车顶灯的出租车市区周日0:00—7:00，郊区平日19:00—次日7:00、周日及公众假期全天每公里收费1.35欧元。

Part 3 必玩必吃必买！
巴黎及周边旅行胜地10选！

1 埃菲尔铁塔

建成于1889年的埃菲尔铁塔设计新颖独特，共分为三部分，使用了近2万个金属构件，总重达7000吨，在纽约帝国大厦落成之前，一直是全世界最高的建筑物，现今已经成为巴黎乃至法国的标志性建筑。

2 凯旋门

1806年为纪念拿破仑在奥斯特利茨之战中打败俄奥联军而建的凯旋门高50米，宽45米，又被称为雄狮凯旋门，现今已经成为巴黎的标志性建筑之一。此外，巴黎的12条街道也从凯旋门所在的戴高乐广场向外辐射。

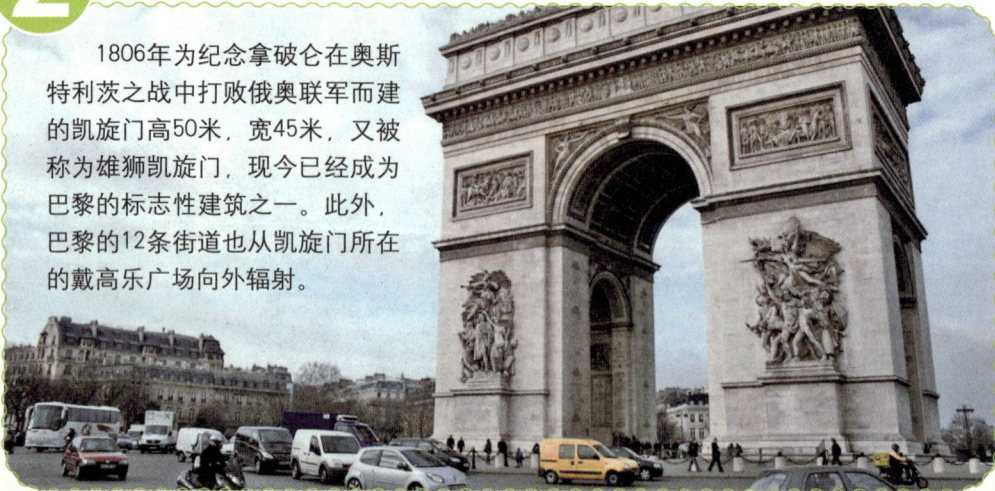

3 卢浮宫

卢浮宫是世界上最大最古老的博物馆之一，在这里珍藏着古代埃及、希腊、伊特鲁里亚、罗马到欧洲中世纪和东方各国的2.5万件艺术珍品和40余万件展品，被誉为人类历史上最大的艺术殿堂。

4 巴黎圣母院

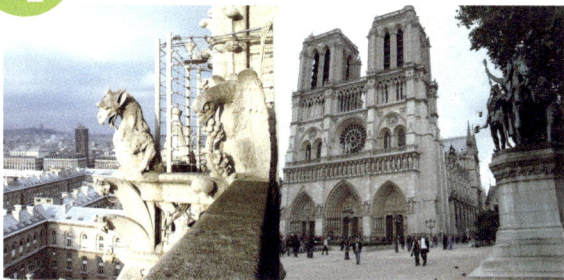

雄伟庄严的巴黎圣母院是巴黎城最古老的建筑物之一，是巴黎哥特式建筑的代表作之一。小说《巴黎圣母院》的故事场景就位于这里，当来到圣母院的人们看到奏出悠扬之声的铜钟时，不禁会想到加西莫多敲钟时的样子。

5 凡尔赛宫

恢弘壮丽的凡尔赛宫曾经在长达100多年的时间里作为法国王宫，更是法国乃至全欧洲的贵族活动中心。凡尔赛宫内部陈设等极尽奢华，在法国大革命时期这里曾被多次破坏，后来在被修复后成为一处历史博物馆。

6 马赛旧港

马赛旧港始建于古希腊时期，迄今已有2000多年的历史，有着浓郁的地中海风情，是马赛的标志性景点，在这儿可以感受到最正宗的马赛风情，更好地了解这个因《马赛曲》而名扬天下的城市。

7 摩纳哥亲王宫

由一组海岸防御堡垒改造而成的摩纳哥亲王宫自摩纳哥公国成立以来一直是摩纳哥亲王的住所，现在则是摩纳哥最著名的景点之一。王宫内的博物馆是了解摩纳哥历史和中世纪文化的好地方。

8 香榭丽舍大街

全长约1800米的香榭丽舍大街是巴黎最繁华、最浪漫的街道，也被赞誉为全世界最美丽的街道。沿街林立众多咖啡店、服饰店和精品店，吸引众多游人在这里观光购物。

9 巴黎春天百货

与老佛爷百货齐名的巴黎春天百货创立于1865年，位于奥斯曼大道，拥有超过200种化妆品，并设有全巴黎最大的香水销售专柜。

10 和平咖啡馆

巴黎最著名的老咖啡馆大多聚集在塞纳河左岸，而开业于1862年的和平咖啡馆则是右岸最知名的一家咖啡馆。除了咖啡外，在和平咖啡馆还可品尝正宗的法国菜肴。

1 埃菲尔铁塔

PLAY **好玩** 016

EAT **好吃** 025

BUY **好买** 026

1 埃菲尔铁塔

PLAY

好玩

I 埃菲尔铁塔

闻名世界的巴黎标志性铁塔 ▌推荐星级 ★★★★★

建成于1889年的埃菲尔铁塔设计新颖独特，共分为三部分，其中离地57.6米和115.7米的两部分还设有餐厅，离地面276.1米的第三部分则设有观景台。在铁塔的四个面上镌刻了72位科学家的名字，使用了近2万个金属构件，总重达7000吨，在纽约帝国大厦落成之前，一直是全世界最高的建筑物，现今已经成为巴黎乃至法国的标志性建筑。

攻略HOW

地址 Quai Branly, 75007 Paris, France

交通 乘坐地铁在Trocadero站出站即可到达

电话 01-44112323

门票 一层票价4.2欧元，二层7.7欧元，登顶价格11欧元

① 第1瞭望台　了解埃菲尔铁塔的历史

　　高57.6米的第1瞭望台不仅可以观光，还设有介绍埃菲尔铁塔相关历史的博物馆，并且设有邮局方便观光客发送盖有特殊邮戳的明信片，在观光之余游人也可在设于这一层的Altitude 95餐厅用餐。

② 第2瞭望台　可观看全巴黎最美景观的餐厅

　　游人攀登700余级台阶就可来到高115.7米的第2瞭望台，这里除了观光欣赏美景，不可错过的是设在这里的朱尔维尼餐厅，不仅可以享受美食，还可观赏全巴黎最美的城市风光。

③ 第3瞭望台　视野开阔的观景台

　　高276.1米的第3瞭望台视野开阔，据说天气好的时候可以看到80公里外的风景，在这里除了可以一览巴黎风光外，还可以参观埃菲尔铁塔的设计师埃菲尔当年的起居室和办公室，别有特色。

2 战神广场

拍摄埃菲尔铁塔的绝佳地点 ■推荐星级 ★★★★

攻略HOW

地址 Parc du Champ de Mars, 75007 Paris, France

交通 乘坐地铁在Trocadero站出站即可到达

埃菲尔铁塔所在的战神广场绿意盎然，其前身是法国军队的训练场，并被用作热气球升空、赛马、博览会以及各种国家大型庆典活动的场地。此外，这里还是拍摄埃菲尔铁塔的最佳场所，每天都有来自世界各地的游人聚集于此，拍下屹立在广场的埃菲尔铁塔那优美的身姿。

3 吉梅博物馆

欧洲最大的亚洲艺术博物馆 ■推荐星级 ★★★★★

攻略HOW

地址 6 Place D, Lena, 75016 Paris, France

交通 乘地铁6号线在Boissiere站出站即可到达

门票 6.5欧元

毗邻埃菲尔铁塔的吉梅博物馆是欧洲规模最大的专门收藏展示亚洲艺术的一家博物馆，收藏了亚洲各国的精美艺术品，其中还单开设有中国、中亚、朝鲜、日本、柬埔寨等展厅，共计4万余件珍贵藏品。在中国展厅可欣赏青铜器、书法水墨画、瓷器、屏风、饰品等精美艺术品。

4 巴尔扎克纪念馆

大文豪巴尔扎克的故居 ▌推荐星级 ★★★★

巴尔扎克纪念馆是一幢建于文艺复兴时期，充满田园风光的建筑，作为大文豪巴尔扎克的故居，这里门前的木牌上至今依旧写有巴尔扎克的名字。经过花园进入纪念馆，首先看到的是《人间喜剧》中的场景和人物雕像，此外还有一尊巴尔扎克青铜像。在纪念馆内陈列有巴尔扎克及他同时代的人物画像，以及烛台、手杖和咖啡杯具等遗物。

攻略HOW

地址 47 rue Raynouard, 75016 Paris, France

交通 乘地铁在Passy站出站步行10分钟即可到达

电话 01-55744180

门票 3.35欧元

5 国民议会大厦

气势雄伟的波旁王宫 ▌推荐星级 ★★★★

国民议会大厦是波旁公爵于1722年修建的宅第，迄今已有近300年的历史，现今则是法国国民议会所在地。国民议会大厦由雄伟圆柱构成的希腊神殿式外观气势庄严，拥有议会厅、图书馆等建筑，入夜后整幢建筑为柔和灯光所笼罩，其古典美感颇为引人注目。

攻略HOW

地址 33 Bis Quai d'Orsay, 75007 Paris, France

交通 乘地铁12号线在Assemblée Nationale站出站后即可到达

电话 01-40636000

埃菲尔铁塔

6 罗丹美术馆

近距离欣赏《思想者》 ▌推荐星级 ★★★★

建于18世纪的罗丹美术馆前身是伟大的雕塑大师奥古斯特·罗丹的故居，在1917年罗丹临终前，曾经将自己的作品捐献给政府，其故居也因而被辟为美术馆并于1929年正式对外开放。在罗丹美术馆内，游人可以欣赏大量罗丹的作品，其中最负盛名的莫过于法国最骄傲的传世名作——《思想者》。

攻略HOW

▌**地址** 77 Rue de Varenne, 75007 Paris, France

▌**交通** 乘坐地铁13号线在Varenne站出站即可到达

▌**电话** 01-44186110

▌**门票** 博物馆6欧元，花园1欧元

7 军事学院

拿破仑曾就读的学校 ■**推荐星级** ★★★★

由维尔福夫人波帕和金融家于18世纪创立的军事学院是一处广纳贫困家庭出身学员的军事学术机构，军事学院的操场可容纳10000人进行战斗列队，其最有名的毕业生当数15岁时曾在这里就读并进行基础训练的拿破仑，仅仅1年后，拿破仑就从学校毕业，开始展露其非凡的军事才华。

攻略HOW

■**地址** Avenue de la Motte-Picquet, 75007 Paris, France

■**交通** 乘地铁8号线在École Militaire站出站即可到达

8 特罗卡岱罗花园

浪漫的城市公园 ■**推荐星级** ★★★

1878年巴黎举办第三届万国博览会时修建的特罗卡岱罗花园按照拿破仑三世的要求，有宽阔的林荫大道，绿色草坪上摆满造型精美的雕塑和喷泉，成为当时法国社会和谐完美的标志。现今的特罗卡岱罗花园依旧安宁祥和，午后阳光明媚时在这里漫步，欣赏周围迷人风光，充满浪漫情调。

攻略HOW

■**地址** Parvis des Liberts et des Droits de l'Homme, 75016 Paris, France

■**交通** 乘坐地铁6、9号线在Trocadero站出站即可到达

9 荣军院

象征第一帝国光辉的金色圆顶 ▮推荐星级 ★★★★★

攻略HOW

地址 Rond-Point du Bleuet de France, 75007 Paris, France

交通 乘地铁8号线在La Tour Maubourg站出站即可到达

门票 8欧元

　　法国"太阳王"路易十四于1670年设立的荣军院又被称为巴黎残老军人院，是全欧洲第一所政府设立收容安置部队中伤残军人及年老退役军人的机构。自从1674年这里入住了第一位军人开始，到17世纪末就有约4000名退伍及伤残的法国军人在这里生活。在法国大革命期间，为自由而战的法国百姓从这里的地窖中找出2万余支步枪，对法国大革命产生了深远影响。

❀ 军事博物馆　展示全世界各地武器收藏

　　军事博物馆由自由法国博物馆、第一次及第二次世界大战博物馆、王冠陈列馆、中世纪馆、路易十三馆、兵工厂展览馆、马上狩猎和骑士比武馆、东方馆、大型枪支馆、欧洲馆等一系列博物馆构成，收藏展示有全世界各国的武器，是军事迷不可错过的一处博物馆。

10 巴黎流行服饰博物馆

时尚之都的独特魅力 ▉推荐星级 ★★★★

攻略HOW

▉**地址** 10 Avenue Pierre 1er de Serbie, 75116 Paris, France

▉**交通** 乘坐地铁9号线在Alma—Marceau站出站即可到达

▉**电话** 01—56528600

▉**门票** 7.5欧元

巴黎被誉为时尚之都，吸引了全世界各地追求时尚的人们，在巴黎流行服饰博物馆内收藏展示有超过10万件帽子、鞋子、手套和面具等各种服饰，游人可以了解巴黎从18世纪到20世纪的流行趋势变迁，感受这座时尚之都的独有魅力。

埃菲尔铁塔

夏乐宫

弧形造型的美丽建筑 ▮推荐星级 ★★★★

攻略HOW

地址 Parvis des Liberts et des Droits de l'Homme, 75016 Paris, France

交通 乘坐地铁6、9号线在Trocadero站出站即可到达

门票 海军博物馆6欧元，人类博物馆4.57欧元

与埃菲尔铁塔隔河相望的夏乐宫建于1937年，是一幢为迎接巴黎世界博览会而建的罗马式建筑，中间的小广场将其一分为二，呈现出完美的弧形结构，中间共有海军博物馆、人类博物馆、电影博物馆和法国纪念博物馆四座博物馆和一幢电影图书馆。除了丰富的馆藏，夏乐宫外的露天平台还是欣赏埃菲尔铁塔的最佳观景点，夜晚的埃菲尔铁塔闪耀着金色灯光，和广场上的喷泉交相辉映，是巴黎最迷人的夜景之一。

好吃

I JEAN-PAUL HEVIN

创意无限的巧克力甜点 ▌推荐星级 ★★★★

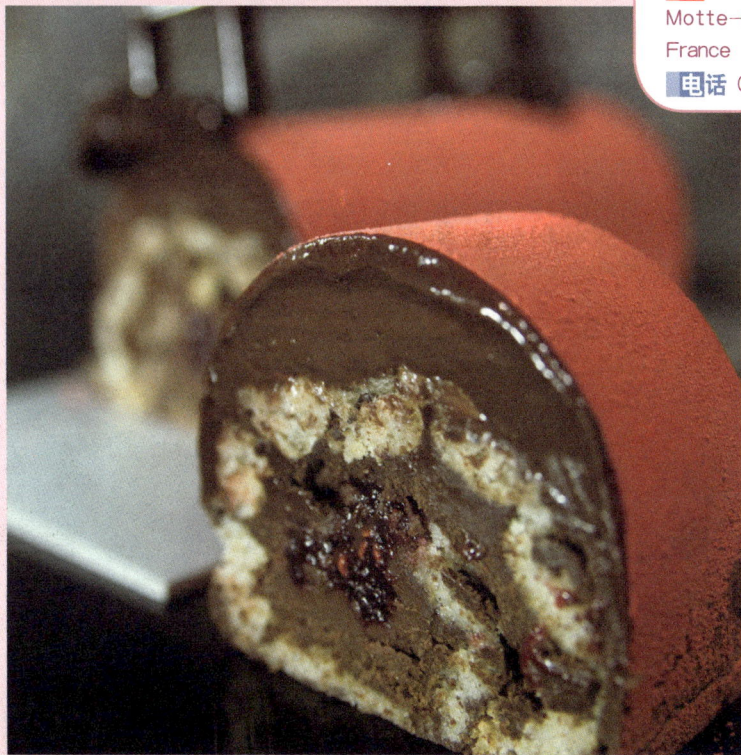

攻略HOW

地址 23 Bis Avenue de la Motte-Piquet, 75007 Paris, France

电话 01-45517748

巴黎拥有众多美味的知名甜品店，其中JEAN-PAUL HEVIN则是一家多次在国际巧克力竞赛中获奖的巧克力糕点店，同时也是法国新派巧克力的代表之一。在JEAN-PAUL HEVIN店内最受欢迎的是姜糖口味巧克力，而纯度100%的雪茄巧克力也有大量Fans，店内的技师还喜欢研究各种全新口味，除了巧克力外还有多款造型精美的蛋糕。

BUY

好买

1 瑞士村跳蚤市场

专卖高级古董的市场 ▌**推荐星级 ★★★★**

　　毗邻战神广场的瑞士村跳蚤市场沿街拥有150余家商铺，与一般概念的跳蚤市场不同的是，这里的商家专门经营各种高价古董，其中不乏17世纪生产的路易十四时期和18世纪拿破仑时代的家具，是喜爱古董的收藏者不可错过的一处市场。

攻略HOW

地址 78 Av. de Suffren/Av. de la Motte-Picquet, 75007 Paris, France

交通 乘地铁6、8、10号线在La Motte Picquet Grenelle站出站

2 凯旋门

PLAY
好玩
028

BUY
好买
042

2 凯旋门

PLAY

好玩

① 凯旋门

纪念拿破仑的巴黎标志性建筑 ▍推荐星级 ★★★★★

攻略HOW

地址 Place de l'Étoile, 75008 Paris, France

交通 乘坐地铁1、2、6号线或RER A线Charles-de Gaulle-Étoile站下车即可到达

电话 01-55377377

门票 9欧元

1806年为纪念拿破仑1805年打败俄奥联军而建的凯旋门位于法国巴黎的戴高乐广场中央，又被称为雄狮凯旋门。高50米、宽45米的凯旋门整体建筑在拿破仑推翻波旁王朝后于1836年才最终竣工，现今已经成为巴黎的标志性建筑之一。此外，在凯旋门内还辟有一个以拿破仑生平事迹展出为主的小型历史博物馆，以及两间电影放映室，可在这里观看一些与巴黎历史变迁相关的资料片。

① 瞭望台　一览巴黎的城市街景

　　凯旋门作为欧洲大城市的设计典范之一，巴黎的12条大街都以凯旋门为中心向四周辐射，宛如阳光普照大地。在凯旋门内游人可乘电梯或攀登273级石级一路走到凯旋门上的瞭望台，可一览巴黎的城市街景。

② 浮雕　精美的浮雕艺术

　　凯旋门上共有4组以战争为主题的大型浮雕，分别是《马赛曲》、《胜利》、《抵抗》、《和平》，取材自1792—1815年的法国战争史，门内还刻有随拿破仑远征的286名将军和96场胜战的名字，堪称一部拿破仑战争史书。

② 香榭丽舍大街

世界最美丽的街道 ▌推荐星级 ★★★★★

全长约1800米的香榭丽舍大街始建于1616年,最初被称为王后林荫大道,香榭丽舍的译名是徐悲鸿在法国留学时所起,是巴黎最繁华、最浪漫的街道,也被赞誉为全世界最美丽的街道。香榭丽舍大街保留有两处建于19世纪的圆形喷水池,沿街林立咖啡店、服饰店和精品店,吸引众多游人在这里观光购物。

① 路易威登香榭丽舍大街总店　游客络绎不绝的LV总店

香榭丽舍大街LV总店挑高20米的室内中庭华丽而又不失时尚气氛，购物空间明亮舒适，拥有各种LV的商品，以及书店和画廊，除了专程前来购物的游人外，这间LV店的门外甚至经常可以看到拍照留念的游客身影。

② SEPHORA　国际知名香水彩妆

作为国际知名的香水彩妆品牌，SEPHORA在法国各地拥有无数分店，香榭丽舍大街的SEPHORA分店拥有超过16000件商品，其中光香水就有超过1500种，并且提供为客人包装的服务，适合送给亲朋好友。

③ Fouquet's　巴黎明星与学者的最爱

创办于1899年的Fouquet's位于乔治五世大道转角处，在20世纪30年代，这里曾经是法国众多明星与学者的最爱，在《米其林餐厅评鉴》中也对其给予很高的评价。在Fouquet's用餐的同时，还可感受这家百年老店厚重的历史氛围。

4 梅隆巧克力坊　坚持手工制作的巧克力坊

　　梅隆巧克力坊以手工制作的美味巧克力闻名，选用上等可可，并且坚持在烘焙坊制作巧克力，这些都是这家店的美味秘诀。由于从不大量制作，因而这家店的巧克力经常售罄，要特别注意。

5 La Durée　最受欢迎的法式甜品店

　　创办于1862年的La Durée是一家老字号的法式甜品店，在这里不可错过为店家招牌的"Macaron"（蛋白杏仁饼干），每天一开门都会聚满排队的人，有多种口味可供选择。

6 Léon de Bruxelles 知名的海鲜餐厅

在法国颇为知名的连锁海鲜餐厅Léon de Bruxelles以比利时贻贝最受欢迎，除了各种新鲜的海鲜外，店内还有冰凉的啤酒，颇受游客欢迎。

7 雷诺汽车展示中心 展示雷诺经典汽车

雷诺汽车展示中心挑高的展示空间颇为开阔，在一层展示有雷诺公司的运动车和古典汽车，以及众多在比赛中曾经取得优胜的雷诺赛车；二层的酒吧餐厅不仅可以享受美食，还可以在露天区小憩，是汽车迷的最爱。

⑧ 迪斯尼专卖店 可爱的迪斯尼卡通玩偶

香榭丽舍大街的迪斯尼专卖店橱窗设计配合最新上映的迪斯尼动画电影,可以看到众多经典的迪斯尼卡通角色身影。在专卖店内一层有一个不停播放迪斯尼电影预告片的大型电视,店内的卡通玩偶是最受游客欢迎的商品。

3

阿尔玛广场

缅怀戴安娜王妃 ▊ **推荐星级 ★★★★**

攻略HOW

地址 Pl.et Pont de l'Alma
交通 乘地铁8号线在Invalides站
出站后步行大约15分钟即可到达

修建于拿破仑三世在位期间的阿尔玛广场最醒目的标记就是广场正中金黄色的自由火焰雕塑，其向上燃烧的熊熊火焰代表战争胜利的光荣。毗邻阿尔玛广场的地下通道则是英国戴安娜王妃车祸殒命的事故现场，现今依旧有许多崇敬戴安娜王妃的人在这里献花悼念。

❀ 阿尔玛桥 气势恢弘的桥梁

毗邻阿尔玛广场的阿尔玛桥横跨于塞纳河上，其恢弘气势颇为醒目，是连接巴黎第7区和第8区的重要桥梁，游人在桥上可以一览塞纳河的迷人风光。此外，在阿尔玛桥附近还有Bateaux Mouches水上巴士码头，方便游人乘船一览塞纳河风光。

凯旋门

4 巴黎市立美术馆

巴黎规模最大的市立美术馆 ■ 推荐星级 ★★★★

修建于1937年的巴黎市立美术馆于1961年开放，其前身是巴黎世博会时的建筑，现今则是巴黎最大规模的市立美术馆，收藏展示有乔治·鲁奥、杜飞、马歇·葛罗梅、德洛涅夫妇等法国现代艺术家从19世纪30年代直至20世纪初期近百年的优秀作品，可以欣赏到野兽派、立体派、巴黎画派和新写实主义的绘画、家具、立体雕刻等艺术珍品。

5 亚历山大三世桥

世界上最美的大桥 ■ 推荐星级 ★★★★

　　位于香榭丽舍大街和荣军院之间的亚历山大三世桥建于19世纪末，是当时俄法亲善，沙皇尼古拉二世向法国赠送，并以其父亲的名字命名的一座钢铁结构的拱桥。全长107米的亚历山大三世桥是巴黎最著名的大桥之一，与风景如画的塞纳河相映成趣，被誉为"世界上最美的大桥"。

攻略HOW

■ **地址**　7ème Arrondissement Paris，75007 Paris，France

■ **交通**　乘地铁8号线在Invalides站出站即可到达

凯旋门

6 巴黎下水道博物馆

全世界唯一供人参观的下水道系统 ▌推荐星级 ★★★★

攻略HOW

地址 Place de la Resistance, 75007 Paris, France

交通 乘坐地铁9号线在Alma-Marceau站出站即可到达

电话 01-53682781

门票 4欧元

　　巴黎有各式各样的博物馆，而下水道博物馆则是其中最特殊的一处，作为全世界唯一可供游人参观的地下给排水系统，游人在下水道博物馆内不仅可以近距离接触全长2100公里的巴黎下水道系统，同时也可了解巴黎地下给排水系统的历史，以及这里众多神秘的故事与传说。

7 大皇宫

风格典雅的著名建筑 ▌推荐星级 ★★★★

凯旋门

攻略HOW

地址 21 Avenue Franklin Delano Roosevelt, 75008 Paris, France

交通 乘坐地铁1、13号线在 Champs—Elysées Clemenceau 站出站即可到达

电话 01—44131717

门票 10欧元

　　风格典雅高贵的大皇宫为迎接1900年巴黎世界博览会而建，是一幢古典与时尚并存，气势恢弘的巴黎著名建筑。现今大皇宫主要作为举办各种短期的重大艺术活动的场地，众多国际时尚发布会和派对都选择在这里举办。

8 小皇宫

精致奢华的文艺场馆 ▌推荐星级 ★★★★

毗邻大皇宫的小皇宫由著名建筑师查理·吉罗设计修建，同样是为迎接1900年巴黎世界博览会而建，是一幢充满新艺术风格的华美建筑。小皇宫圆形拱顶和大面落地窗内有大量壁画和穹顶画装饰，并且收藏有4万余件艺术珍品，设有众多常设展览项目供游人免费参观，是一处美轮美奂、精致奢华的巴黎文艺场馆。

攻略HOW

地址 158 Boulevard Haussmann, 75008 Paris, France

交通 乘坐地铁1、13号线在 Champs-Elysées Clemenceau 站出站即可到达

电话 01-45621159

9 丽都

极具现代风格的歌舞表演 ▌推荐星级 ★★★★☆

成立于1946年的丽都与红磨房齐名，每天这里都会上演由75个艺术表演者、600余套服装、40多种道具，以及幕后3000人所变换出来的精致华丽的歌舞秀，其豪华的服饰、令人震惊的特效和充满现代风格的歌舞表演无不令人叹为观止，是巴黎最具代表性的夜晚娱乐项目之一。

攻略HOW

地址 116 Bis Avenue des Champs-Elysées, 75008 Paris, France

交通 乘坐地铁1号线在George V站出站即可到达

电话 01-40765610

门票 21:30场100欧元，23:30场80欧元

10 马摩坦美术馆

全世界规模最大的莫奈收藏馆 ▌推荐星级 ★★★★★

攻略HOW

地址 2 Rue Louis Boilly

交通 乘地铁9号线在La Muette站出站后步行即可到达

电话 01-44965033

门票 8欧元

被誉为全世界收藏最多、规模最大的莫奈收藏馆的马摩坦美术馆隐匿于幽静小巷之中，其前身是艺术家保罗·马摩坦的宅第，1932年马摩坦将建筑与个人藏品一同捐献给法国艺术学院，之后莫奈之子也捐赠了大量莫奈作品。美术馆内除了莫奈创作的《睡莲》系列外，还有被誉为印象派之起源的《日出·印象》，以及众多其他印象派画家的作品。

2 凯旋门

BUY

好买

I 蒙田大道

时尚精品购物街 ▌推荐星级 ★★★★★

　　蒙田大道毗邻香榭丽舍大街，沿街两侧汇集了CHANEL、CD、Nina Ricci、PRADA、FENDI、LV、Celine等国际知名品牌装饰高贵典雅的旗舰店，吸引了众多追求时尚的人们慕名而来。

3 卢浮宫

PLAY
好玩
044

3 卢浮宫

PLAY

好玩

❶ 卢浮宫

举世闻名的艺术宝库 ▌**推荐星级** ★★★★★

　　卢浮宫是世界上最大最古老的博物馆之一，这里是一座举世闻名的艺术宝库。宫殿建筑呈"U"形，分为新旧两个部分。卢浮宫前玻璃金字塔形的入口是华裔建筑大师贝聿铭所设计。在这里珍藏着2.5万件艺术珍品，展品更是多达40余万件，囊括了从古代埃及、希腊、伊特鲁里亚、罗马到欧洲中世纪和东方各国的艺术品，堪称人类历史上最大的艺术殿堂。

攻略HOW

地址 Musée du Louvre, 75001 Paris, France

交通 乘地铁1、7号线在Palais Royal Musée du Louvre站出站

电话 01-40205050

门票 9欧元

① 蒙娜丽莎的微笑　魅惑世人的神秘微笑

《蒙娜丽莎》是文艺复兴时期最著名的画家达·芬奇所作的画像，是卢浮宫三大镇馆之宝之一。画中的蒙娜丽莎坐姿优雅，嘴角边一丝"神秘的微笑"一直都为人们所称颂。画面背景中的风景朦胧而有致，使得人像在衬托下更为脱俗。这幅画代表了达·芬奇绘画艺术的最高峰，是全人类绘画历史上永恒的瑰宝。

② 米洛斯的维纳斯　断臂的完美之美

《米洛斯的维纳斯》（断臂维纳斯）是卢浮宫中所藏的最著名的雕像之一，是由希腊米洛斯岛的农民伊奥尔科斯在地里发现的。这尊雕像线条优美，造型高贵，将人体最美丽的部分全都展示了出来。其最出名之处便是它断掉的双臂，双臂断掉的原因至今已不可考。但正是因为这尊雕像失去了双臂，给人以无限的想象空间，才被人们誉为"完美之美"。

③ 萨莫色雷斯的胜利女神像　古代雕塑的最高杰作

这座胜利女神像完成于公元前190年，是卢浮宫内三件镇馆之宝之一。这座雕像造型精美绝伦，身上迎风而起的衣襟形象逼真。女神宛如从天而降，张开双臂迎接凯旋的勇士们。虽然雕像的头部早已不知所踪，但是整座雕塑散发出来的活力依然让人感叹不已。

④ 拿破仑一世的加冕大典　达维特的代表作

《拿破仑一世的加冕大典》是法国著名画家达维特的代表作，反映了拿破仑一世在巴黎圣母院加冕为皇帝的场面。画中刻意回避了拿破仑抢过皇冠自己为自己加冕的场景，着重于典礼的后半段。身着华服的拿破仑位于画面的正中，已经戴上了皇冠的他手持一顶小皇冠为他的妻子约瑟芬戴上。整个场面气氛庄严，人物多达数十人，他们的衣着和表情各不相同，体现了作家无与伦比的卓越才能。

⑤ 宫女　独特的人体画风

《宫女》是法国绘画大师安格尔的作品，整幅画中渗透出来的安详静谧的和谐氛围完全凸显了作者"清高绝俗，庄严肃穆"的画风。画面的布局就好像用数字精心计算过一样，增减一分都会造成整体的破坏。画面上的人体虽然和当时的主流艺术格格不入，但是具有自己独特的魅力。是安格尔这位大画家自我画风的极佳展示。

6 迦拿的婚宴
充满世俗感的《圣经》故事

《迦拿的婚宴》是意大利画家委罗内塞的作品，这幅画以约翰福音中所记载的耶稣和他的门人所参加的一场婚宴为内容。画中人物共有130多人，画家毫不吝惜空间地将他们分为三个层次，将耶稣安排在最中央，所有人的目光都集中在他身上。而且绘画的内容也脱离了宗教内容，人物中甚至还画上了英国女王、法王法兰西斯一世、画家提香、丁托莱托和画家本人，使得这场面更增添了不少世俗感。

7 岩间圣母
达·芬奇全盛期到来的象征

《岩间圣母》是达·芬奇的另一幅名作，是代表着他艺术达到顶峰的标志。这幅画的内容取自《新约全书·马太福音》第三章《耶稣受洗》的故事。画的正中央是圣母马利亚，左右分别为尚是婴儿的耶稣与圣约翰，耶稣身后有一天使。画面布局规整，科学地采用了写实、透视、缩形等技法，预示着达·芬奇的绘画水平已臻化境，作为画家的全盛期已经到来。

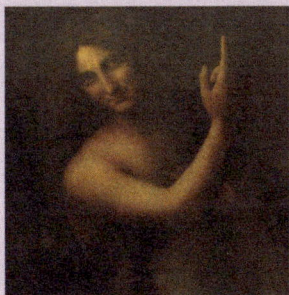

8 施洗者约翰
达·芬奇作品中的异类

《施洗者约翰》也是达·芬奇的作品，画面上背景为黑色，施洗者约翰半身隐藏在黑暗之中，只能看到头、右肩、右手等部位。人物形象俊美，一头长发，一手持十字架，一手指向天空。脸上露出狡黠而神秘的笑容。虽然画作的内容很常见，但是这样的构图和描绘手法却极为罕见，在达·芬奇的作品中也不多见。

9 拿破仑三世套房
奢华气派的房间

拿破仑三世套房虽然冠以拿破仑三世的名字，但是作为皇帝的他却从来没有在这里居住过，这里的主人事实上是当时的总务大臣。但是这座房间以其精美的装饰而代表了拿破仑三世时期法国的艺术风格。壮丽的彩绘天花板和镶金雕刻、华丽的吊顶水晶灯、天鹅绒的桌布等都显示了非凡的气派。而且各处的装饰之丰富和奢华都令人叹为观止，甚至不惜牺牲使用的方便。

10 垂死的奴隶

米开朗琪罗的代表作

《垂死的奴隶》是文艺复兴时期伟大的艺术家米开朗琪罗的作品。米开朗琪罗那出色的艺术感觉和对人体的把握能力在这尊作品上尽显无遗。整个雕塑完美地表现了一个遭受痛苦而奄奄一息的奴隶形象，他仿佛正在开始动作，想要摆脱身体上的束缚。人物形体优美而典雅，刀法细腻，线条丰满，栩栩如生，好像拥有灵魂一般。

11 大狮身人面像

埃及之外最大的狮身人面像

大狮身人面像最早发现自埃及的塔尼，是目前在埃及境外所保存的最大的狮身人面像，是卢浮宫内展示的古老埃及文明的代表之一。这座狮身人面像采取的是传统的神话中斯芬克斯的造型，但是脸部却使用了当时法老的形象，表情庄严而肃穆，而身体则表现出狮子的强健和敏捷，堪称古埃及艺术文化的最高杰作。

12 汉穆拉比法典

最早的成文法典

汉穆拉比法典是目前已知的最早的成文法典，3500行文字刻在一根高2.25米，上周长1.65米，底部周长1.90米的黑色玄武岩柱上。其内容涵括了诉讼程序、保护私产、租佃、债务、高利贷和婚姻家庭等诸多方面，可谓细致入微。是古巴比伦王汉穆拉比治世时期所制定的，对现在法律制定依然有着很重要的意义。

13 卡塞尔卢浮购物廊

购买卢浮宫纪念品

从卢浮宫玻璃金字塔下的拿破仑中庭左转即可来到卡塞尔卢浮购物廊，这里拥有众多经营卢浮宫纪念品的商店，各种卢浮宫馆藏艺术珍品的复制品几乎都可以在这里买到，此外还设有一间邮局，可以购买价值不菲的卢浮宫纪念邮票。

2 王宫

路易十三时期的王宫 ▌ 推荐星级 ★★★★★

攻略HOW

地址 Pl.du Palais Royal

巴黎王宫建于17世纪，原本是法国历史上著名的政治家黎塞留的住宅，在他去世时将这里送给了法王路易十三。在经历了多次扩建和改建后，如今成为法国议会、宪法法院和文化部所在地。这里规模宏大，沿着廊下还有近百根圆形石柱环绕，沿着石柱廊可以进入著名的王宫花园，这座美丽的花园里到处都是美丽的雕像，还有两个巨大的石柱。

3 骑兵凯旋门

罗马风格的小凯旋门 ▌ 推荐星级 ★★★★

攻略HOW

地址 Place du Carrousel, 75001 Paris, France
交通 乘地铁1、7号线在Palais Royal Musée du Louvre站出站

骑兵凯旋门位于卢浮宫外卡塞尔广场之上，是拿破仑建于1808年，也被称作"小凯旋门"。原本是蒂伊勒里宫的主要入口，后来蒂伊勒里宫毁于法国大革命时期，这里也就成了该宫的遗址保留了下来。整个凯旋门显现出非常强烈的罗马风格，两侧共有8根科林斯式石柱，门上还有8个拿破仑时期的骑兵雕塑。其艺术价值不亚于大凯旋门，也是巴黎建筑的杰出成就之一。

4 莫里哀喷泉

纪念伟大戏剧家莫里哀的喷泉 ▋ 推荐星级 ★★★★★

莫里哀喷泉位于巴黎市内的法兰西喜剧院附近，是由曾经设计过拿破仑墓的著名建筑师威斯康提所设计。在喷泉中央有一座莫里哀的全身雕像，是著名雕刻师普拉迪艾所作。整座喷泉和周围的环境相当融合，而莫里哀作为一位文学大师的成就也使得人们对这里充满了敬仰。

攻略HOW

▋**地址** Rue Molière路口

5 蒂伊勒里花园

浪漫美妙的花园 ▋ 推荐星级 ★★★★★

攻略HOW

▋**地址** 55 Jardin de Truieries, 75001 Paris, France
▋**电话** 01-40209043

蒂伊勒里花园坐落于卢浮宫与协和广场之间，曾经是蒂伊勒里宫的一部分，是当时的法国皇家园艺师勒诺特的作品。在这里除了美丽的花坛和树木外，更多的是充满了艺术氛围的美妙雕塑。这些雕塑很好地契合了法国人浪漫的民族特性，好像每一尊都有其生命一般，让人情不自禁地就会驻足观赏。

6 协和广场

经历无数风风雨雨的广场 ▌ 推荐星级 ★★★★

攻略HOW

地址 Pl.de la Concorde
交通 乘地铁1、8、12号线在Concorde站出站

协和广场位于巴黎市中心，历经数次大规模扩建，于1840年形成了现在的规模。协和广场曾经经历了众多的历史事件，法国大革命时期法王路易十六就是在这里被开刀问斩。在广场的四面八方分别矗立着八个代表19世纪法国最大的八个城市的雕像，分别是鲁昂、布雷斯特、里尔、斯特拉斯堡、波尔多、南特、马赛、里昂。此外在广场上还有路易十五的塑像、方尖碑和多座喷泉，是巴黎的地标性建筑之一。

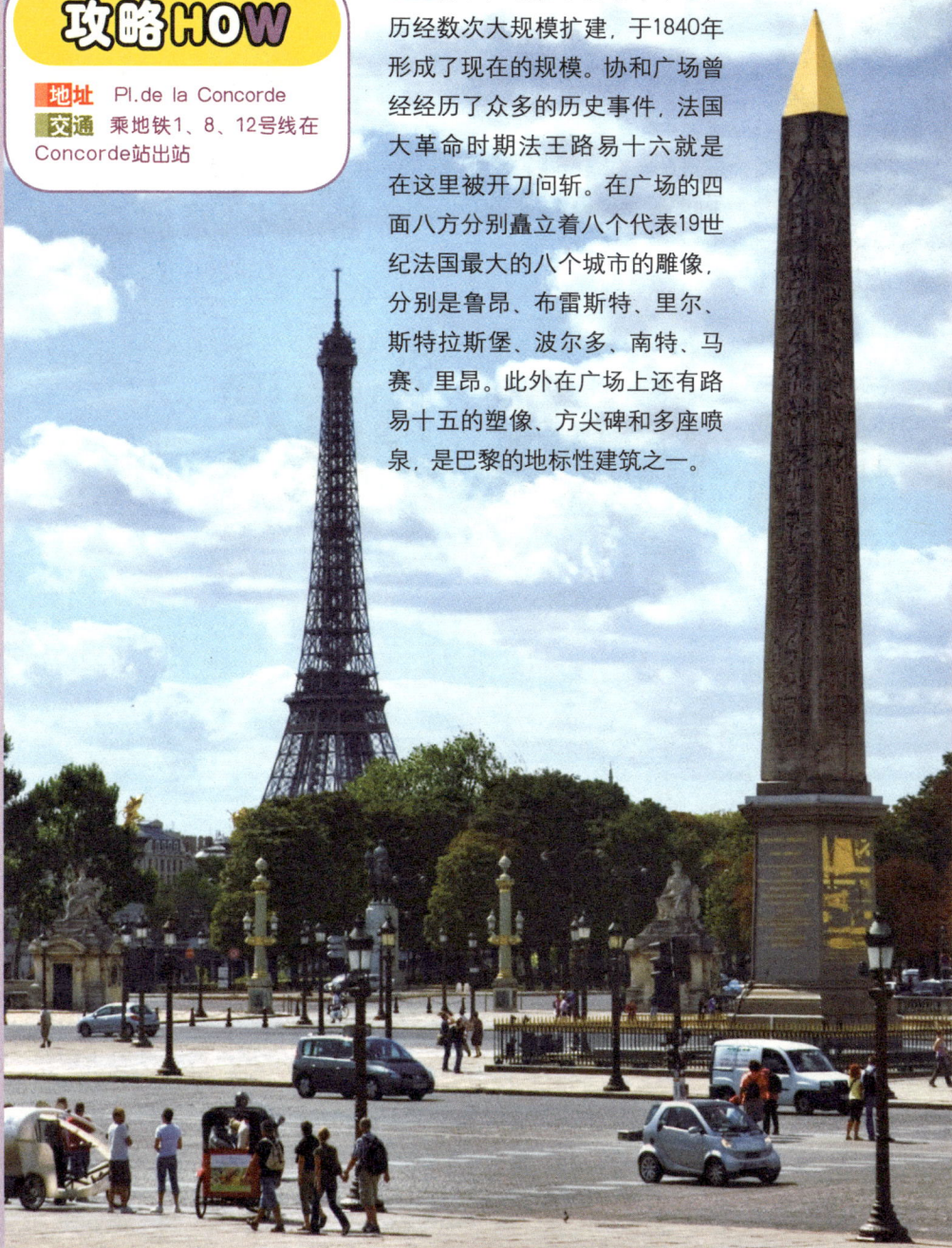

加尼埃
歌剧院

4

PLAY
好玩
053

EAT
好吃
056

BUY
好买
058

好玩

攻略HOW

地址 120 Rue de Lyon, 75012 Paris, France

交通 乘坐地铁3、7、8号线在Opéra站出站即可到达

电话 01-40011789

门票 6欧元

加尼埃歌剧院

世界级的歌剧院 ▋推荐星级 ★★★★

以建筑师沙尔勒·加尼埃姓氏命名的加尼埃歌剧院始建于1667年，最初名为皇家歌剧院，1763年歌剧院毁于大火后于1860年由35岁的沙尔勒·加尼埃设计修建了这座举世公认的法兰西第二帝国最负盛名的建筑杰作。加尼埃歌剧院外观美轮美奂，内部装饰富丽堂皇，艺术氛围浓郁，知名的舞台剧《歌剧院魅影》就是以19世纪的加尼埃歌剧院作为故事舞台。

2 马德莱娜教堂

巴黎最著名的教堂之一 ▌**推荐星级** ★★★

攻略HOW

地址 14 Rue de Surne, 75008 Paris, France

交通 乘地铁在La Madeleine 站出站即可到达

电话 01-44516917

为庆祝拿破仑军队凯旋而建的马德莱娜教堂建于1764年，是一幢希腊神殿风格的宏伟建筑，52根科林斯式大圆柱庄严肃穆，是巴黎最著名的教堂之一。马德莱娜教堂正面廊柱上雕饰有《最后的审判》浮雕图案，门面上则有《圣经十诫》浮雕。此外，这座教堂的最大特色是没有竖立十字架，也没有钟楼和彩绘玻璃，吸引了众多游人专程来访。

爱丽舍宫

法国总统官邸 ▊ **推荐星级** ★★★★

建于1718年的爱丽舍宫前身是戴弗罗伯爵的住宅，又被称为戴弗罗公馆，拿破仑妹夫缪拉元帅居住时将其命名为爱丽舍宫，从1873年至今一直作为法国总统的官邸，与美国的白宫、俄罗斯的克里姆林宫、英国的白金汉宫同样闻名遐迩，是法国最高权力的象征。

加尼埃歌剧院

攻略HOW

地址 55 Rue du Faubourg Saint-Honoré, 75008 Paris, France

交通 乘地铁在Saint-Philippe-du-Roule 站出站即可到达

电话 01-42928100

4 加尼埃歌剧院

EAT

好吃

I 和平咖啡馆

历尽沧桑的咖啡馆 ▌**推荐星级** ★★★★

巴黎最著名的老咖啡馆大多聚集在左岸，而开业于1862年的和平咖啡馆则是右岸最知名的一家咖啡馆。这间经历过巴黎繁华与战火洗礼的咖啡馆拥有全巴黎最大的露天咖啡座，历史上众多文人、哲学家、艺术家以及戴高乐将军等历代法国总统都喜欢在这里小憩片刻。除了咖啡外，在和平咖啡馆还可品尝正宗的法国菜肴。

攻略HOW

地址 12 Boulevard des Capucines, 75009 Paris, France

交通 乘坐地铁3、7、8号线在Opéra站出站即可到达

电话 01-40073636

② FAUCHON

法国精致美食的代名词 ▌ **推荐星级** ★★★★

创立于1886年的FAUCHON最初只是一家流动的蔬菜摊，经过百余年的发展变迁，现今已经成为巴黎颇为知名的一家食品店，可以购买到果酱、茶叶、饼干、糖果、香料、美酒甚至熏香蜡烛、围裙和桌巾等与饮食相关的商品。此外，FAUCHON作为巴黎精致美食的代表，还开设有一家可以品尝美味餐点的沙龙，大文豪普鲁斯特最喜爱的马德莱娜蛋糕是这里最受欢迎的经典美食之一。

攻略HOW

地址 24-26-30Place de la Madeleine, 75008 Paris, France

交通 乘地铁在Madeleine站出站即可到达

电话 01-70393800

---

③ 赫迪亚

世界闻名的高级食品老店 ▌ **推荐星级** ★★★★

创立于1854年的赫迪亚前身是19世纪法国知名的香料进口商，现今则已成为世界闻名的一家高级食品店，在赫迪亚可以买到果酱、茶叶、芥末、饼干、葡萄酒、进口香料、法国糕点、熟食、蔬菜水果和食用油等种类繁多的食品，是巴黎人最喜爱的一家食品店。

攻略HOW

地址 21 Place de la Madeleine, 75008 Paris, France

交通 乘地铁在Madeleine站出站后步行大约5分钟即可到达

电话 01-43128888

加尼埃歌剧院

4 加尼埃歌剧院

BUY

好买

I 老佛爷百货

巴黎流行时尚的发源地 ▎推荐星级 ★★★★★

攻略HOW

地址 40 Boulevard Haussmann, 75009 Paris, France

交通 乘坐地铁7、9号线在 Chaussée d'Antin−La Fayette站 出站即可到达

电话 01−42827085

开业于1896年的老佛爷百货是巴黎最负盛名的百货商场，经过百余年的发展，现今的老佛爷百货早已成为巴黎时尚文化的发源地和标志。在老佛爷百货，除了以女士商品为主的本馆外，还有以男士商品为主的男士馆，以及配件与家具生活艺术商场。此外，老佛爷百货辐射的美食区更是颇为知名，吸引了许多食客老饕慕名而来。

2 米其林专卖店

米其林吉祥物商店 ▌推荐星级 ★★★★

米其林专卖店毗邻加尼埃歌剧院，在上下2层楼的营业空间内几乎随处可以看到米其林轮胎人的身影，各种有米其林形象的特色商品和世界著名的《米其林餐饮指南》都是这里最受欢迎的商品。

攻略HOW

地址 32 Avenue de l'Opéra, 75009 Paris, France

交通 乘地铁14号线在Pyramides站出站后步行即可到达

电话 01-42680500

3 巴黎春天百货

巴黎最大的百货公司 ■ 推荐星级 ★★★★

攻略HOW

地址 9ème Arrondissement Paris, 75009 Paris, France

交通 乘坐地铁7、9号线在 Chaussée d'Antin–La Fayette 站出站即可到达

电话 01-45262047

与老佛爷齐名的巴黎春天百货创立于1865年，位于奥斯曼大道，是全巴黎第一家采用电力照明的百货公司，由3185块玻璃组合而成的圆顶则被誉为20世纪20年代"新艺术"的代表作之一。巴黎春天百货内拥有超过200种化妆品，并设有全巴黎最大的香水销售专柜。

4 Rue du Faubourg St.Honoré

世界名品一网打尽的名店街 ▌推荐星级 ★★★★

Rue du Faubourg St.Honoré是一条汇集了众多世界知名品牌的名店街，沿街林立着HERM ÈS、MAX MARA、CD、CARTIER、GUCCI等世界知名品牌的精品店，是追求时尚、喜欢名牌商品的人们不可错过的血拼之街。

1 MONT BLANC 世界知名的高级文具

MONT BLANC以高级文具用品闻名世界，在这家位于Rue du Faubourg St.Honoré的MONT BLANC店内可以购买到钢笔、办公用品、公文包和手表，以及眼镜和香水等商品。

2 CARTIER　殿堂级珠宝品牌

创立于1874年的CARTIER在近140年的时间里一直是上流社会与欧洲诸多王室最钟爱的殿堂级珠宝品牌，三环戒、坦克腕表和LOVE白金真爱戒指都是这里最受欢迎的招牌商品。

3 GUCCI　时尚的知名品牌

以创办人Guccio Gucci姓氏命名的GUCCI是世界知名的高档奢侈品牌，现今在时尚界重新获得关注，这间位于Rue du Faubourg St.Honoré的店内也是人流如潮。

4 CHANEL　女性最喜爱的时尚品牌

位于Rue du Faubourg St.Honoré的CHANEL总店是一幢纯白色外观的建筑，店内装饰高贵典雅，不论女装、男装、运动品牌，还是香水、化妆品、饰品，都可以在这里买到。

5 HERMÈS　低调奢华的品牌

HERMÈS以低调奢华而闻名，这间位于Rue du Faubourg St.Honoré的店铺也是设计简洁，店内最受顾客欢迎的就是设计高雅大方的HERMÈS手袋。

6 LANCÔME　贴心提供保养彩妆

位于Rue du Faubourg St.Honoré的LANCÔME以贴心提供护肤咨询而闻名，店内设有专门的接待室和美容室，除了可以购买彩妆和保养品外，还可在美容室做护肤疗程。

5 巴黎圣母院

PLAY 好玩 064

EAT 好吃 077

BUY 好买 078

5 巴黎圣母院

PLAY 好玩

① 塞纳河

巴黎风光的象征 ▌推荐星级 ★★★★★

攻略HOW

地址 在巴黎市区河段长度约20公里，横贯巴黎

交通 乘坐地铁4号线在St Germain des Près站出站

　　塞纳河是法国第二大河，它流经巴黎市区，被誉为巴黎的母亲河。塞纳河畔的风景优美，充满着法兰西独有的浪漫气息，在河岸漫步可以感受到巴黎的城市魅力。游人还可以乘坐专门的游艇，沿着塞纳河的流淌方向，来一次探索之旅，不但可以纵览以亚历山大三世桥为代表的诸多华美桥梁，还能欣赏到那些洋溢古典气息的建筑物。

② 西岱岛

巴黎城市的发源地 ▌**推荐星级** ★★★★

攻略HOW

地址 塞纳河

交通 乘坐地铁4号线在西岱岛（Cité）站出站

位于塞纳河中的西岱岛是巴黎最为古老的城区，这里景色幽美，充满宁静安详的气息。漫步在这个小岛上，看到那些古朴典雅的房屋，仿佛穿越了时光隧道，回到了那古老王朝时代。在西岱岛上还能近距离观望到巴黎那些赫赫有名的建筑物，以巴黎圣母院为代表的名胜景点尽收眼底，同时也是拍照留念的好地方。

3 巴黎圣母院

巴黎的地标式建筑　推荐星级 ★★★★★

攻略HOW

地址 6 Place du Parvis Notre Dame, 75004 Paris, France

交通 乘坐地铁4号线在西岱岛 (Cité) 站出站

电话 01-42345610

门票 塔楼5.5欧元

　　巴黎圣母院是巴黎城最古老的建筑物之一，它有着雄伟庄严的气势，而那些构思精巧的装饰物则是这里的一大特色。这座教堂是哥特式建筑的代表作之一，笔直高耸，有着惊人的震撼之感。巴黎圣母院又有着享誉全球的同名小说，当来到这里的人们看到奏出悠扬之声的铜钟时，不禁会想到加西莫多敲钟时的样子。

① 最后审判之门　讲述基督教神话故事的拱门

　　最后审判之门是因其上刻绘着描述耶稣进行最后审判的浮雕而得名的，它有着庄严神圣的整体风格，能够很好地烘托出门上雕刻的主题。这些雕像造型精美，有着很高的艺术价值，十分值得拍照留念。

② 圣母之门　纪念圣母马利亚的拱门

　　圣母之门是巴黎圣母院中三道著名拱门中的一个，它是以刻有关于圣母马利亚事迹的浮雕而得名。拱门上浮雕是极为精美的艺术品，它们把耶稣母亲马利亚生平事迹一一展现出来，十分值得观看。

③ 飞扶壁　基督教建筑中特有的装饰物

巴黎圣母院里飞扶壁是大型哥特式教堂建筑中才有的,它既起着支撑承重墙的作用,又是精美的装饰物。飞扶壁都是位于外墙之上,有着轻盈高挑的姿态,它们所拥有的图案大都繁复纷杂,极为美观。

④ 玫瑰窗　巴黎圣母院最具色彩魅力的地方

作为教堂的巴黎圣母院有着质朴的魅力,而巨大的玫瑰窗则是略显单调的教堂内部一处不同寻常的地方。巨大的玫瑰窗位于墙壁的上部,再灼热的阳光通过这里也变得柔和起来,而彩窗上雕刻的艺术作品也是令人驻足观看的佳作。

5 怪兽雕像排水口　充满奇异魅力的附属物

巴黎圣母院的排水口被制作为神话故事和民间传说里出现的怪兽的样子，有着独特的魅力，是这里的独特一景。这些怪兽的形体威猛，神态狰狞，却不可怕，远远看去好像大教堂的守卫者一般。

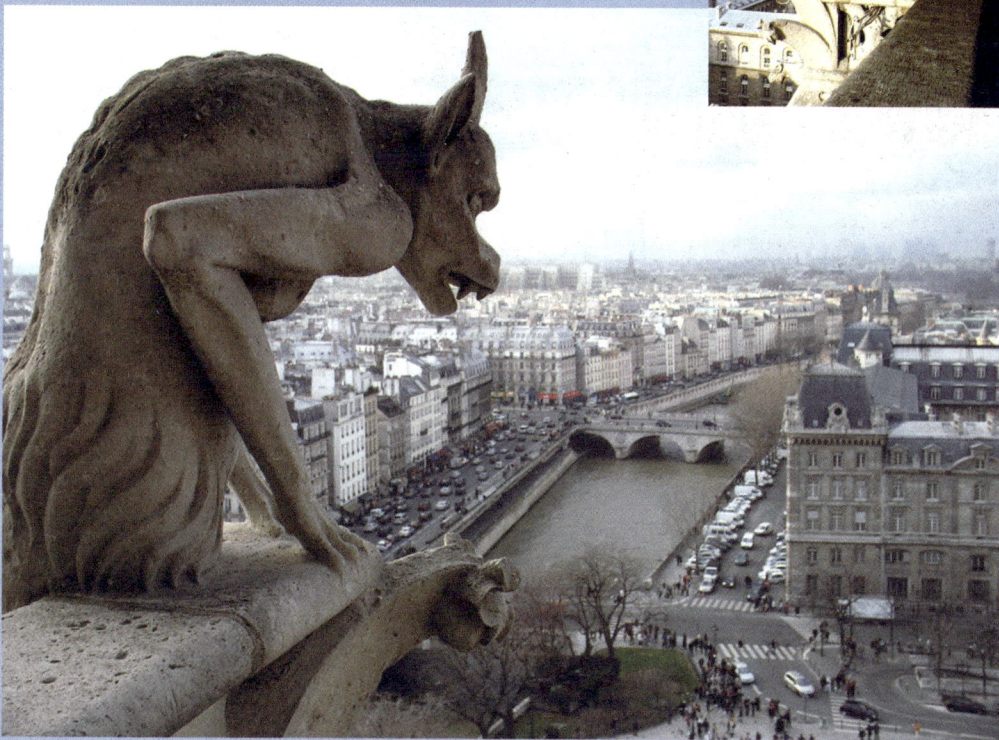

4 圣徒礼拜堂

保存基督教圣物的教堂 ▌推荐星级 ★★★★★

圣徒礼拜堂在巴黎诸多的教堂中是以收藏物珍贵而著称的，这里的宝物众多，其中最具神秘色彩的当数耶稣被钉在十字架上时所戴的荆棘冠的残品。这座教堂的造型华美，整体风格典雅大方，乳白色的外墙在教堂建筑中是比较少见的。来到教堂内部则会被里面绚丽的情景所震撼，那巨大的玫瑰彩窗有着惊人的魅力。

攻略HOW

地址 4 Boulevard du Palais
交通 乘地铁4号线在西岱岛 (Cité) 站出站
电话 01-53406093
门票 7.5欧元

⑤ 司法宫

巴黎的著名景点 ▌推荐星级 ★★★★

雄伟壮观的司法宫是一栋历史悠久的建筑物，它是波旁王朝的统治机构所在地，现在则是法国的最高法律机关，许多影响深远的审判都是在这里举行的。高耸笔直的钟楼是这里的象征，也意味着法律的崇高地位。司法宫与附近的巴黎古监狱由一条通道连接，那里至今仍是巴黎的监狱之一，也是世界上罕见的城区监狱。

新桥

巴黎最古老的桥梁 ▌推荐星级 ★★★★

攻略HOW

▌**地址** 83 Rue Saint-Honoré, 75001 Paris, France

▌**交通** 乘坐地铁7号线在Le Pont-Neuf站出站

新桥是塞纳河上最著名的桥梁，历史悠久的它也是巴黎诸多桥梁的代表之一。这座桥梁有着优美外形，它经过几百年的风霜洗礼仍保持着矫健的身姿。新桥的独特之处在于它是一座适合人们漫步观景的桥梁，它的视野开阔，游客可以一览无余地将塞纳河两岸的独特风光尽收眼底，因而极具浪漫气息。

7 桑斯宅第

具有历史价值的贵族宅第 ■ 推荐星级 ★★★★

攻略HOW

地址 E1 Rue du Figuier

交通 乘坐地铁1、11号线在Hôtel de Ville站出站

桑斯宅第是一栋哥特式的建筑物，它是因作为波旁王朝开国王后的玛格丽特在巴黎的住所而出名的，现在则被辟为艺术图书馆。这栋历史悠久的建筑物有着庄严肃穆的外形，它是这位女性充满传奇一生的见证。来到桑斯宅第的人们大都是为了怀古而来，不过这里所收藏的书籍也都是颇有价值的。

8 圣杰罗维・圣普维特教堂

文艺复兴风格的教堂 ■ 推荐星级 ★★★★

攻略HOW

地址 Eglise St-Gervais St-Protais

交通 乘坐地铁1、11号线在Hôtel de Ville站出站

电话 01-48873202

这座教堂始建于16世纪，它有着简朴大方的外形，是巴黎诸多文艺复兴式建筑的代表作之一。教堂内部巨大的彩窗是这里的一大看点，它为这里渲染出华美的梦境色彩，令人感到绚丽异常。充满空灵气息的教堂大厅内，有一部久经岁月磨砺的管风琴，它所奏出的音乐拥有罕见的质感，能够直击听众的心灵。

9 巴黎市政厅

华丽的公共建筑 推荐星级 ★★★★

　　巴黎市政厅是巴黎最为华美的公共建筑之一，它是一栋新文艺复兴建筑，是巴黎的名景。这栋典雅大方的建筑物的特征之一是遍布大厦内外的雕像，它们都是不可多得的艺术精品。巴黎市政厅也是一个独特的艺术品博物馆，那些悬挂在墙壁上的油画、壁画、镶嵌画，有许多都是出自名家之手，让这里充满华丽的气息。

IO 若望二十三世广场

感受巴黎都市风光的广场 ▌推荐星级 ★★★★

攻略HOW

地址 6 Place du Parvis Notre Dame, 75004 Paris, France

交通 乘地铁4号线在西岱岛（Cité）站出站

若望二十三世广场是巴黎诸多广场中最具有悠闲气息的一个，它位于高大的巴黎圣母院后方，与热闹喧嚣的都市隔离开来。广场上最醒目的景点是美丽的圣母泉，它涌出的清澈水流会在盛夏时给游人带来一丝凉意。漫步在若望二十三世广场可以感受到这里的浪漫气息，而坐在舒适的座椅上则可以放松休闲一番。

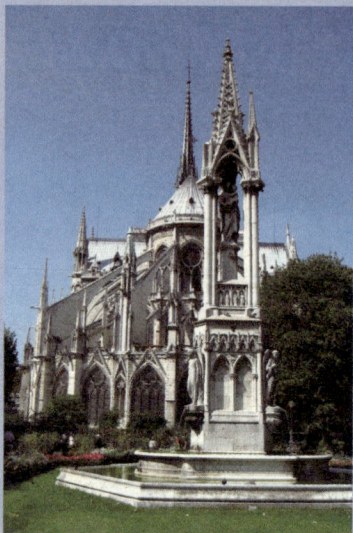

II 圣路易岛

与西岱岛同样出名的小岛 ▌推荐星级 ★★★★

攻略HOW

地址 le Saint-Louis

交通 乘地铁7号线在Sully-Morland站出站

圣路易岛是塞纳河的河心小岛，它与大名鼎鼎的西岱岛同为巴黎的发源地，是以幽静清闲的氛围著称的。这座小岛曾是法国各级贵族聚居的地方，所以各种华美的宅第众多，可谓一座天然的建筑博物馆。漫步在圣路易岛上可以欣赏到那些不同风格的华美宅第，那些哥特、巴洛克、希腊式的建筑都是值得拍照留念的。

12 迪贝莱广场

古老与现代交相辉映的广场 ▌推荐星级 ★★★★

迪贝莱广场是巴黎最具有青春气息的广场，它不仅有蓬皮杜文化艺术中心这样充满现代风格的建筑，同时也是年轻人聚会和玩乐的地方。这里是巴黎著名的极限运动表演场地之一，尤其是以滑板运动和旱冰运动最为常见。见证古老历史的广场喷泉为人们带来丝丝凉意。

攻略HOW

地址 Place Joachim du Bellay

交通 乘坐地铁1、4、7、11、14号线在Chatelet站出站

13 蓬皮杜文化艺术中心

展示法国现代艺术作品的地方 ▌推荐星级 ★★★★★

攻略HOW

地址 Place Georges Pompidou, 75004 Paris, France

交通 乘地铁4、11号线，RER A、B、D线在Chatelet站出站

电话 01-44781233

　　在古建筑众多的巴黎，蓬皮杜文化艺术中心算得上是相当年轻的一座，但是它那独特的后现代主义风格，让它拥有极高的知名度，也是现代巴黎的标志性景点。这个展馆内的展品众多，大都出自20世纪知名艺术家之手，各个流派的佳作应有尽有，以毕加索为代表的大师名作吸引众多艺术爱好者的目光。

EAT

好吃

1 贝希隆冰激凌

巴黎最著名的冷饮小吃店 ▊ 推荐星级 ★★★★★

　　法国的美食扬名世界，而巴黎的贝希隆冰激凌则是其中的一个亮点。这家冰激凌店虽然深藏在市区的小巷之中，但每天都有无数慕名而来的游客到此品尝美味，有时会排出长长的队伍，这已成为当地一道独特的风景线。贝希隆冰激凌的优点在于它甜而不腻，而且各种口味应有尽有。

攻略HOW

▊**地址** 31 Rue Saint Louis en l'Ile

▊**交通** 乘地铁7号线在Sully-Morland站出站

▊**电话** 01-43543161

2 史特雷尔面包店

巴黎著名的面包店 ▊ 推荐星级 ★★★★★

攻略HOW

▊**地址** 51 Rue Montorgueil

▊**交通** 乘地铁4号线在西岱岛站出站

▊**电话** 01-42333820

　　史特雷尔面包店是巴黎著名的面包店，它的历史悠久，可以追溯到18世纪，是当时的王室御用面包店。这家面包店有着独特的东欧风味，它经过几百年的传承，各种特色风味应有尽有，受到巴黎民众的广泛好评。史特雷尔面包店里的甜点更是出名，值得注意的是这里的面包口味除了传统的甜味外还有咸味和无味的，也都是极为可口的。

5 巴黎圣母院

BUY

好买

I 里欧力大道

巴黎著名的商业街 ▌**推荐星级** ★★★★

里欧力大道虽然没有香榭丽舍大街那么出名，但它仍是巴黎最好的购物街之一，也是各地游客聚集的地方。这条街道是以平民化的色彩而出名的，众多品牌都是面向大众

攻略HOW

地址　Rue de Rivoli, 75008 Paris, France

交通　乘坐地铁11号线在Rambuteau站出站

的，因而价格合适，经常引起抢购的风潮。里欧力大道上还拥有诸多一线品牌的专卖店，著名的Yves Rocher、Etam则是其中的代表。

圣日耳曼
德佩教堂

6

PLAY
好玩
081

EAT
好吃
086

BUY
好买
090

好玩

I 圣日耳曼德佩教堂

巴黎著名的商业街 ▌推荐星级 ★★★★

攻略HOW

地址 Saint-Germain-ds-Près, 75006 Paris, France

交通 乘坐地铁4号线在圣日耳曼德佩站出站

电话 01-43254171

　　圣日耳曼德佩教堂建造于公元6世纪，是巴黎市区内极为少见的罗马风格的建筑物，极具观赏价值。这栋教堂造型古朴典雅，充满着罗马式的宏伟色彩，高大的塔楼是这里最引人注目的地方。这个教堂也是巴黎著名的历史景点，它曾是巴黎圣本笃修会大教堂，同时也是墨洛温王朝国王的安葬地，著名的数学家笛卡儿也埋葬在这里。来到教堂内部可以看到少见的罗马风格的教堂装饰，值得拍照留念。

2 奥尔赛博物馆

记录法国近代艺术的美术馆 ▌推荐星级 ★★★★

攻略HOW

地址 1 Rue de Bellechasse
交通 乘地铁12号线在Solferino站出站
电话 01-40494814
门票 6.5欧元

位于塞纳河畔的奥尔赛博物馆是由一个废弃的火车站改造而成的，它既有现代建筑的钢筋铁骨，又有19世纪建筑的华美拱门，是法国建筑艺术的经典之作。这个博物馆收藏了自19世纪中期到第一次世界大战前的法国艺术珍品，其中既有印象派大师的杰出画作，也有雕刻家们的珍贵作品，那些具有代表性的建筑物的模型也历历在目。这个博物馆内开辟有专门的展区，用于介绍不同流派的代表性画家，其中就有德拉克洛瓦和马奈等大师的作品。

3 马约尔美术馆

欣赏精美的雕刻作品 ▌推荐星级 ★★★★

马约尔美术馆于1995年开幕，以展示雕刻家马约尔的作品和私人书信为主，同时馆内还收藏展示有与马约尔相互交流的艺术家高更、马蒂斯、杜飞等人的作品，可欣赏众多精美的现代雕刻作品。

攻略HOW

地址 59-61 Rue de Grenelle
交通 乘地铁12号线在Rue du Bac站出站步行5分钟即可到达
电话 01-42225958
门票 8欧元

4

克吕尼国立中世纪美术馆

记录中世纪历史的地方 ▌推荐星级 ★★★★

攻略HOW

地址 6 Place Paul Painlev, 75005 Paris, France

交通 乘坐地铁10号线在Cluny-la Sorbonne站出站

电话 01-53737800

门票 6.5欧元

圣日耳曼德佩教堂

中世纪的欧洲是一个孕育着希望的地方，而位于拉丁区的国立中世纪美术馆就是游客们了解那个独特时代的好地方。这里的展馆规模宏大，展品众多，尤其是有关法国历史的演变情况的物品最为丰富，游客们可以了解到法国自罗马帝国崩溃后到百年战争时期的王朝变迁史。克吕尼国立中世纪美术馆中既有当时的各类手稿文件，也有王公贵族之家的公私信件，那些锈迹斑斑的武器则是这里的一大看点，中世纪的艺术作品则有着独特吸引力。

5 索邦大学

历史最为悠久的大学之一 ▌推荐星级 ★★★

攻略HOW

地址 13 Rue de la Sorbonne, 75005 Paris, France

交通 乘地铁在Cluny－la－Sorbonne站出站

电话 01－40462211

索邦大学是巴黎最为古老的综合性大学，这里曾是法国文明与知识的象征，它建于法王路易九世时期，许多古老的建筑，至今仍保存着。这里现在是巴黎大学的一部分，但仍走出了一位位久负盛名的学者，第一位女诺贝尔奖获得者居里夫人及其丈夫、女儿和女婿共计四位诺贝尔奖获得者都是出自这里。漫步在校园内，能够感受到浓郁的书卷气息，但是也不乏青春的活力，有意的游客还能寻找到女权运动家、作家波伏瓦的痕迹。

铸币博物馆

极有特色的博物馆 ▮ **推荐星级** ★★★★

圣日耳曼德佩教堂

　　铸币博物馆是一栋17世纪的楼宇，具有那个时代所拥有的华美建筑风格，同时还拥有与众不同的收藏。这里收藏的是不同时代的不同货币，既有流通世界的罗马金币、墨西哥鹰洋、法国法郎、美圆、欧元等的钱币，也有法属印度支那发行的地区性货币，当然这里也少不了各种具有纪念意义的纪念币。来到铸币博物馆内还可以了解到不同时代的铸币方法及各种原料材质的实物及衍生品，还能观看古老的钱币铸造过程。

攻略HOW

地址 11 Quai de Conti, 75006 Paris, France

交通 乘坐地铁7号线在Pont-Neuf站出站

电话 01-40465858

门票 8欧元

6 圣日耳曼德佩教堂

EAT 好吃

1 双叟咖啡馆

名人荟萃的咖啡馆 ▌ 推荐星级 ★★★★

地址 172 Boulevard Saint-Germain, 75006 Paris, France

交通 乘地铁4号线在圣日耳曼德佩站出站

电话 01-45485525

　　双叟咖啡馆是巴黎历史最悠久的咖啡馆之一，这里自营业以来就是文化艺术界人士聚会、探讨学术问题的地方，尤其是超现实主义学派的提欧雷、吉拉杜、普维等人，更将这里作为固定的聚集地。这个咖啡馆内的陈设古朴典雅，顾客们则安静地品尝着香浓的咖啡，屋内充满着平和的气息，这种悠闲的氛围正是巴黎咖啡馆的特色之一。来到双叟咖啡馆还能追忆那些文人和艺术家在此创作的各种经典作品。

2 波克普咖啡馆

世界上最古老的咖啡馆之一 ▌ 推荐星级 ★★★★

　　开业于17世纪的波克普咖啡馆是巴黎塞纳河左岸地区最著名的咖啡馆，因此成为法国各界名人经常出没的地方，不仅有伏尔泰这样的文学家、哲学家，还有许多政治家和艺术家的身

攻略HOW

地址 13 Rue de l'Ancienne Comédie, 75006 Paris, France

交通 乘地铁4号线在圣日耳曼德佩站出站

电话 01-40467900

影。这家咖啡馆正因为历史悠久而见证了很多名人的身影，巴尔扎克和维克多·雨果都是其中的佼佼者，因此吸引了许多外地游客来此寻找大师所遗留的痕迹。波克普咖啡馆的陈设古色古香，咖啡浓郁可口，也是一个适合休闲、聊天的好地方。

3 力普啤酒馆

特立独行的啤酒馆 ▌推荐星级 ★★★★

力普啤酒馆营业于著名的普法战争之后，由于法国邻近德国的阿尔萨斯地区被割让出去，背井离乡的店老板就在咖啡馆云集的巴黎左岸地区开设了这家啤酒馆。这家啤酒馆是巴黎各界名流的会聚之地，受到政客和演艺圈名人的特别钟爱，来客中以前法国总统密特朗最为出名，因此来到这里品尝啤酒的游客们，说不定会碰到些似曾相识的面孔。力普啤酒馆同时出售具有德国风味特色的阿尔萨斯菜肴，这种不同风格的美味，颇受来客的欢迎。

攻略HOW

地址 151 Boulevard Saint-Germain, 75006 Paris, France

交通 乘地铁4号线在圣日耳曼德佩站出站

电话 01-4548591

4 花神咖啡馆

巴黎的三大咖啡馆之一 ▮ 推荐星级 ★★★★

攻略HOW

地址 172 Boulevard Saint-Germain, 75006 Paris, France

交通 乘地铁4号线在圣日耳曼德佩站出站

电话 01-45485526

营业于19世纪晚期的花神咖啡馆是巴黎最著名的咖啡馆之一，它不但因其华美的装饰吸引着人们的目光，更是一处历史文化景点。这家咖啡馆内布满了鲜花，有着独特宁静的氛围，那些看似普通的座位上，说不定就有名人先贤遗留下的痕迹。花神咖啡馆内最著名的东方客人当数周恩来总理，也有诗人徐志摩的身影出现；大画家毕加索曾在这里作画，哲学家萨特和加缪就是在这里酝酿出"存在主义"这一新思维的。值得一提的是，这里还是《花神咖啡馆的情人们》这部电影的外景地。

圣日耳曼德佩教堂

6 圣日耳曼德佩教堂

BUY

好买

I 圣日耳曼大道

巴黎著名的购物街 ▌推荐星级 ★★★★

　　圣日耳曼大道是巴黎仅次于香榭丽舍大街的购物胜地，这里是以众多贴近普罗大众的时尚商店而著称的。

攻略HOW

地址 Rue St-German-des-Près, 75006 Paris, France

交通 乘地铁4号线在圣日耳曼德佩站出站

来到这条大道上，可以看到许多知名品牌的旗舰店、品牌店，游客们可以在此尽情地选购自己所看中的商品。圣日耳曼大道又是一条充满文化艺术的街道，它是著名的巴黎左岸文化的代表，无数艺术家、文学家、哲学家，在这里的咖啡馆里留下了数不胜数的回忆。在这里还能欣赏到塞纳河畔的美丽风光，还有巴黎繁华的市容风貌。

卢森堡公园 7

PLAY
好玩 093

EAT
好吃 105

BUY
好买 106

7 卢森堡公园

PLAY

好玩

Ⅰ 卢森堡公园

最具文化气质的公园 ▌推荐星级 ★★★★

攻略 HOW

地址 Jardin du Luxembourg
电话 01-44541949

卢森堡公园是巴黎最具文化气质的公园，在这里有许多法国著名思想家、诗人题词的半身塑像与纪念碑。这座公园占地上百公顷，巨大的梧桐大道将一个个花园切割成规整的几何图案，其间还夹有各种喷泉，景致十分幽雅。在高大的梧桐树下放着绿色的铁椅，人们可以坐在这里，或是打牌下棋，或是谈情说爱，充满了休闲的氛围。

① 卢森堡宫　法王的别宫

　　卢森堡宫比起巴黎其他的宫殿来更具罗马风格，无论是其粗砌石的结构，还是四周高大的石柱，或是整座宫殿的环形布局，都深受意大利罗马建筑风格的影响。卢森堡宫的主建筑由一座主楼和两座翼楼构成，主楼是两层有立柱的楼台式建筑，在法国大革命时期这儿还被用作监狱，在拿破仑时期被用作参议院的办公室，可谓命运多舛。

卢森堡公园

卢森堡宫的花园是仿造意大利的波波利花园而建，花园内部空间由阶梯式挡土墙分割，分布有花卉种植带、喷泉、小水渠以及由黄杨和紫杉等组成的树丛。值得一提的是这里的泉池，池中是由四根石柱连接起的一段残墙，其上有很多精致的浮雕，将这处花园的艺术感尽显无遗。

② 圣叙尔皮斯教堂

被玫瑰线穿过的教堂 ▌推荐星级 ★★★★

攻略HOW

地址 Pl St.Sulpice
交通 乘地铁4号线在St.Sulpice站出站
电话 01-46332178

圣叙尔皮斯教堂位于巴黎叙尔皮斯广场上，整座教堂看上去厚实庞大，表面坚实朴素。教堂建于一座小修道院的废墟之上，其布局和大小都和著名的巴黎圣母院一样，由于建筑时期漫长，换了不少建筑师，所以教堂本身显现出不同的建筑风格。在教堂的高台上贯穿了一条铜线，这里就是通过巴黎的本初子午线，也称玫瑰线。

JL COMBATTIT LES
ATHÉES ET LES FANATIQUES
IL INSPIRA LA TOLÉRANCE
IL RÉCLAMA LES DROITS
DE L'HOMME CONTRE LA SERVITUDE
DE LA FÉODALITÉ

3 先贤祠

法国伟人的埋骨之所 ▌推荐星级 ★★★★★

攻略HOW

地址 13 Rue de la Sorbonne, 75005 Paris, France

交通 乘地铁10号线在Cadinal Lemoine站出站

电话 01-40510378

门票 7欧元

先贤祠是巴黎最重要的建筑之一，位于塞纳河南岸。这里原是一座教堂，后来被收归国有，专门用来安葬和祭祀法国历史伟人。伏尔泰、卢梭、雨果、左拉、居里夫人、大仲马等72位在各方面作出极大贡献的法国伟人都埋骨于此。先贤祠雄伟大气，罗马神殿式的外观显得很是神圣，内部装饰也很具艺术价值，各种精美的壁画和装饰将这里装点得气势磅礴，让人不禁叹为观止。

① 正门 罗马神殿风格的门廊

　　先贤祠的正门呈传统的罗马风格，十余根科林斯式石柱围出了一个门廊，是仿造罗马万神殿所设计。在廊柱顶端刻有铭文，上写着："伟人们，祖国感谢你们。"门楣上是法国雕刻师当杰斯的《在自由和历史之间的祖国》浮雕。整体散发出无穷的艺术气息，堪称法国古罗马风格建筑的典范。

② 傅科钟摆 证明地球自转的实验

　　走进先贤祠的大厅，可以见到一个巨大的傅科钟摆模型。这是法国科学家傅科在1851年时为了向众人证明地球存在自转而做的一个实验，傅科用一根长67米的钢丝将一个28千克重的头上带有铁笔的铁球悬挂在先贤祠的屋顶上，随后人们惊讶地发现钟摆每次摆动都会偏离原有的轨迹，因此证明了地球存在自转。此外在钟摆周围还有四幅描写圣女贞德一生的油画。

③ 正殿　先贤祠最主要的部分之一

先贤祠正殿是这里最主要的部分，走入这里，一组大革命时期的人物群雕赫然出现在眼前，群像分三组，左右两组为革命群众，正中则是正要被送上断头台的路易十六之妻玛丽·安托内特，那生动的线条和表情仿佛把人带回到那个群情激昂的时代。此外，在这里随处可以看到精美的雕塑和油画，将法国人的艺术气质显露无遗。

④ 壁画　壮美无比的壁画

先贤祠正殿最著名的当数画在大穹顶上的壁画，这是由法国著名画家安托万·格罗特所作，绘画的内容主要是拿破仑的赫赫战功以及各种宗教传说和历史故事。其中包括圣女贞德等在法国历史上留下重要印记的人物。壁画从大穹顶一直延伸到正殿的各面墙上，规模宏大，令人惊叹，而且其精美程度也是世所罕见。

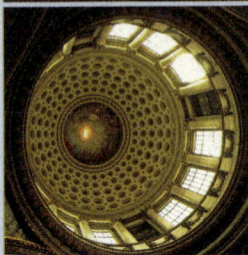

5 圆顶 仿造罗马万神殿的巨大穹顶

　　先贤祠的大穹顶是这里最显著的标志，外观造型完全仿自罗马的万神殿，不过比万神殿的穹顶更为庞大恢弘。穹顶高83米，里面是由三层半球形的屋顶嵌套而成，在当时可谓一项高难度的工程。

4 圣耶戈纳迪蒙教堂

融合多种风格的教堂 ▌推荐星级 ★★★★

卢森堡公园

攻略HOW

地址 18 Rue du Mont, 42100 Saint Etienne, France

交通 乘地铁10号线在Cadinal Lemoine站出站

电话 04-77808463

圣耶戈纳迪蒙教堂位于先贤祠后方，和宏伟非凡的先贤祠相比，这里也不逊色。融合了哥特式和文艺复兴式风格的教堂正面由三堵"人"字形山墙重叠而成，层次分明，别有一番韵味。白色的外墙上满是精美的浮雕，其精致程度让人叹为观止。是一座不流于俗套的现代感教堂。

5 圣米歇尔广场

广为人知的喷泉 ▌推荐星级 ★★★★

圣米歇尔广场位于巴黎拉丁区的圣米歇尔大道路口，这里有一座著名的圣米歇尔喷泉，喷泉背景是一个类似于凯旋门的壁龛，其中有一座大天使米迦勒的铜像，大天使仗剑伏龙，龙口喷出涓涓细流，流进其下的水池中。这处喷泉以其超群的精巧工艺而闻名，也是这座广场的标志。在这座广场上可以看到巴黎西岱岛上的景观，包括司法宫等。

攻略HOW

地址 Bonlevard St. Michel, 75005 Paris, France

交通 乘地铁4号线在St-Michel站出站

圣米歇尔大道

拉丁区最热闹的大街 ▎推荐星级 ★★★

攻略HOW

地址 Boulevard St.Michel, 75008 Paris, France

交通 乘地铁4号线在Saint Michel Notre Dame站出站

圣米歇尔大道是拉丁区最热闹的街区，路两边排列着无数的咖啡馆、书店和出版社，其独特的带有拱顶的地下酒窖式酒吧和艺术电影院是最大的特色。还有不少提供日本、北非、意大利等地风味的餐馆。同时这条路也通往巴黎的其他各个商业街，是巴黎人约会的首选场所。

卢森堡公园

7 蒙帕纳斯大厦

法国第一高楼 ▪ **推荐星级** ★★★★

攻略HOW

地址 29 Rue de l'Arrive, 75015 Paris, France

交通 乘坐地铁4、6、12、13号线 在Montparnasse站出站即可到达

电话 01-45385256

门票 9欧元

建成于1973年的蒙帕纳斯大厦是欧洲第一座高度超过200米的高层建筑，建成至今已有近40年时间，一直是法国第一高楼。天气晴朗时，在蒙帕纳斯大厦的观景平台可以一览巴黎市区的风光。此外，在塞德里克·克拉比什导演的电影《巴黎》中，男主角登上蒙帕纳斯大厦屋顶撒下女朋友骨灰的场景则令无数观众印象深刻。

EAT

好吃

I 皮耶赫梅

巴黎最知名的甜点店 ▌**推荐星级** ★★★★

攻略HOW

地址 72 Rue Bonaparte
交通 乘地铁4号线在Vavin站出站
电话 01-43544777

皮耶赫梅是位于巴黎的知名甜点店，这家店的创办者皮耶赫梅爵士从14岁开始就致力于甜点的制作，被人称作"甜点界的毕加索"。店里装饰高雅，黝黑的漆木和柔和的灯光使得这儿更像是一间珠宝店。这里的甜点充满了皮耶赫梅本人的奇思妙想，最出名的当数一种叫"Macaron"的甜点（蛋白杏仁饼干），这种甜点只能外卖，经常一摆上柜台就被人抢购一空。

7 卢森堡公园

BUY

好买

I 雷恩大街

年轻人的时尚购物街 ▎**推荐星级** ★★★★

攻略HOW

地址 Rue de Rennes
交通 乘地铁4号线在Vavin站出站后步行10分钟即可到达

雷恩大街是巴黎一处深受年轻人喜爱的时尚购物街，沿街林立着众多店铺，除了CARTIER、Celine等世界知名品牌外，也有ZARA、H&M、NAF NAF这样年轻人喜爱的流行品牌服饰，适合逛街购物。

1 NAF NAF 平易近人的时尚品牌

NAF NAF是法国知名的时尚服饰品牌之一，其设计风格充满流行元素，而且价位平易近人，深受年轻人喜爱。

2 M.A.C 世界级的彩妆品牌

M.A.C是众多世界知名的彩妆师都喜爱的彩妆品牌，这家位于雷恩大街上的M.A.C店内装饰以黑色为主，充满简洁神秘的感觉，并且还有彩妆师为客人提供最顶尖的专业服务。

3 H&M 瑞典发迹的连锁服饰品牌

发源于瑞典的H&M品牌迄今已在全球开有超过1400家分店，自从1998年进入法国后就迅速成为法国最受欢迎的服饰品牌之一，在雷恩大街上的这家专卖店内可以买到H&M品牌的服装、饰品、鞋包等不同商品。

4 AGATHA 风行世界的苏格兰雪纳瑞犬标志饰品

1974年在巴黎创立的AGATHA品牌是以苏格兰雪纳瑞犬的形象为标志的饰品品牌，现今已经成为世界知名的时尚饰品，在这里除AGATHA的首饰外，还有手表、钥匙链和香水等商品。

5 ZARA 最受欢迎的西班牙流行品牌

发源于西班牙的ZARA品牌在全世界各地大受欢迎，这家位于雷恩大街的ZARA专卖店每周更换新款，快速精准地把握了法国的最新流行元素，且充满设计感，颇受年轻人喜爱。

红磨房 8

好玩

攻略HOW

地址 82 Boulevard de Clichy, 75018 Paris, France

交通 乘坐地铁2号线在Blanche站出站即可到达

电话 01-53098282

门票 表演21:00场次97欧元，23:00场次87欧元

❶ 红磨房

感受"美好时代"的风采 ▌推荐星级 ★★★★★

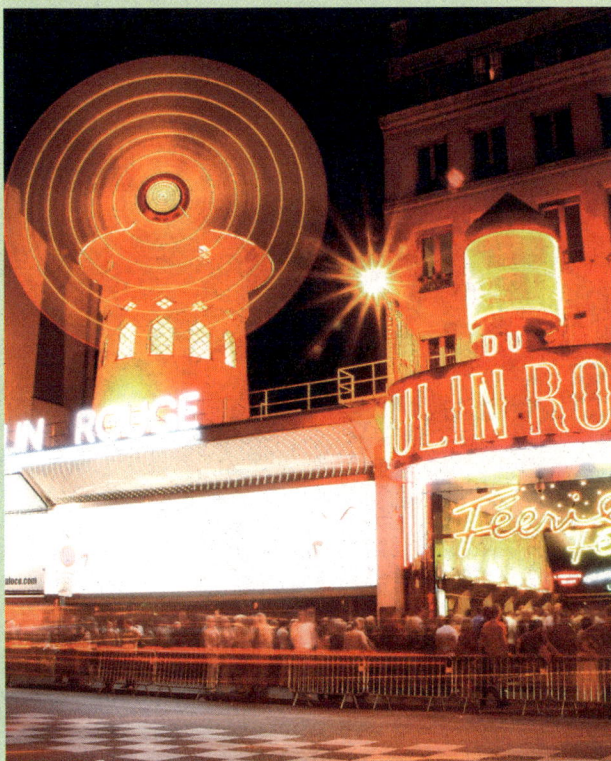

在19世纪末，当时巴黎蒙马特尔地区聚集了来自世界各地的流浪艺术家，当时的酒吧内一种名为"康康舞"的舞蹈最受欢迎，而创立于1889年的红磨房歌舞厅正是在这一片康康舞的音乐声中诞生。在红磨房，可以欣赏身穿点缀金属片的华丽羽毛衣的舞娘，在怀旧音乐中载歌载舞的精彩演出。此外，印象派大师奥古斯特·雷诺阿的名作《红磨房》更是使这间歌舞厅蜚声世界，是一处可以感受"美好时代"风采的地方。

2 圣特美浓庭园

老葡萄酒窖改建的景区 ▍推荐星级 ★★★★

攻略 HOW

地址 Cour St-Emilion Bercy Village

交通 乘地铁14号线在Cour St-Emilion站出站即可到达

由古老的葡萄酒窖重新规划成商业街的圣特美浓庭园毗邻贝尔西村仓库街，这里不仅风景优美，而且还散落着众多商店和酒吧，在这里可以品尝到口味醇正的法国葡萄酒，也可以在铺着卵石的小路上散步，或是随意走进路旁的小店，寻觅自己中意的商品，是巴黎人假日享受悠闲时光的首选。

3 贝尔西村

休闲美食天地 ▍推荐星级 ★★★★

攻略 HOW

地址 28 Rue François Truffaut, 75012 Paris, France

电话 01-40029084

贝尔西村所在的地区在19世纪时曾经是巴黎的葡萄酒仓库，这些当年的古老红砖仓库现今被改建成商铺、酒吧、餐厅和时尚服饰店，而街道上还保留着旧时运送葡萄酒的火车轨道，怀旧与现代休闲风情相互融合，是假日购物用餐休闲的好去处。

4 帖特广场

街头画家聚集的广场 ■ **推荐星级** ★★★★

　　毗邻圣心教堂的帖特广场所在的街区曾经是巴黎郊外的小村庄，随着时代的发展，这里逐渐成为巴黎人消遣娱乐的场所。在帖特广场经常聚集了许多街头画家，据说毕加索、高更、卢梭、布拉克等知名画家在年轻时也曾经在这里绘画之余相互交流，久而久之，这里成为举世闻名的一处露天画廊。

攻略HOW

地址 Place du Terte
交通 乘坐地铁12号线在Abbesses站出站即可到达

5 圣心教堂

洁白的拜占庭式教堂 ▌推荐星级 ★★★★

攻略HOW

地址 35 Rue du Chevalier de La Barre, 75018 Paris, France

交通 乘地铁2号线在Anvers站出站后即可到达

电话 01-53418900

位于艺术之丘蒙马特尔高地的圣心教堂是一幢洁白色外观的拜占庭式教堂，是为纪念普法战争由巴黎人捐款修建而成。在圣心教堂两侧立有圣路易和圣女贞德的铜像，由于日晒雨淋，这两尊铜像通体碧绿，与洁白的教堂相映成趣。此外，在教堂前的广场，或是登上教堂圆顶还可以一览巴黎的城市风光。

6 蒙马特尔博物馆

了解蒙马特尔区的历史 ▮ 推荐星级 ★★★★

攻略HOW

地址 12 Rue Cortot, 75018 Paris, France

交通 乘坐地铁2号线在Anvers站出站即可到达

电话 01-46066111

门票 7欧元

蒙马特尔博物馆位于一幢17世纪的古老宅第之中，历史上这里曾经是雷诺阿、郁特里罗、杜飞、苏珊·法拉登等知名艺术家的居所，现今被辟为博物馆后收藏展示有大量曾经居住在蒙马特尔的艺术家，或是在蒙马特尔区完成的艺术作品，除了欣赏各式艺术品外，游人也可以在这里了解蒙马特尔区的发展历史。

红磨房

7 蒙马特尔达利空间

超现实主义大师的作品 ▮ 推荐星级 ★★★★

攻略HOW

地址 11 Rue Poulbot, 75018 Paris, France

交通 乘坐地铁2号线在Anvers站出站即可到达，或乘地铁12号线在Abbesses站出站也可到达

电话 01-42644010

门票 10欧元

蒙马特尔达利空间是一处以出生于西班牙东北部加泰罗尼亚地区的超现实主义派大师——达利的作品为主题的美术馆，在馆内收藏展示有大量达利的作品，可以近距离感受这位超现实主义大师所创造的夸张怪诞奇异世界的魅力。

8 雾巷

法国十大最浪漫的地方之一 ▌推荐星级 ★★★★

攻略HOW

地址 巴黎市中心Allée des Brouillasse

交通 乘地铁12号线在Lamarck-Caulaincourt站出站后即可到达

　　藏在蒙马特尔区深处的巴黎雾巷 (Allée des Brouillasse) 被誉为法国十大最浪漫的地方之一，这条窄窄的巷子里隐匿着一片静谧天地，历史上众多画家和艺术家都曾居住在这条充满温馨浪漫情调的小巷之中。

好吃

I 双风车咖啡馆

《天使爱美丽》的拍摄现场 ▍推荐星级 ★★★★

攻略HOW

地址 15 Rue Lepic, 75018 Paris, France

交通 乘坐地铁2号线在Blanche站出站即可到达

电话 01-42549050

双风车咖啡馆因电影《天使爱美丽》而闻名，这间略带几分杂乱的咖啡馆不同于众多巴黎咖啡馆那般温馨浪漫，但墙上挂着的电影海报却提醒人们这里曾经拍出过一部充满梦幻美的电影。与电影场景完全一致的咖啡馆内最常见的客人就是电影的Fans，甚至影片中老板娘和客人发生一段激情的卫生间也不会被忠实的影迷错过。

2 狡兔之家

巴黎最古老的酒馆之一 ▌推荐星级 ★★★★

攻略HOW

地址 22 Rue des Saules, 75018 Paris, France

交通 乘坐地铁12号线在 Lamarck-Caulaincourt站出站 即可到达

电话 01-46068587

位于蒙马特尔区的狡兔之家 (Le Lapin Agile) 是一间外观毫不起眼的小酒馆，历史悠久的狡兔之家不仅是巴黎最古老的酒馆之一，同时还曾经是毕加索、布拉克、郁特里罗、阿波利索尔等艺术大师在成名之前经常光顾的地方，据说这些艺术家还曾经用自己的作品来付酒账，因而经常有来自世界各地的观光客慕名来到这里拍照留念。

9 巴士底广场

PLAY
好玩
118

EAT
好吃
125

9 巴士底广场

PLAY 📷

好玩

Ⅰ 巴士底广场

见证法国大革命的地方 ▍推荐星级 ★★★★

攻略HOW

地址 Place de la Bastille
交通 地铁1、5、8号线巴士底站出站

巴士底广场是著名的巴士底狱所在地，是法国人民争取自由、民主的象征，那激昂的马赛曲至今仍回荡在广场的上空。这里至今还秉承着法国大革命时的传统，人们可以在广场上尽情地展示自己的与众不同之处，穿着溜冰鞋、脚踩滑板的年轻人在宽阔的场地上自由地驰骋。

巴士底广场周围的建筑也是一大看点，这里既有古老的哥特式建筑，也有华美的巴洛克式建筑，而作为这里地标的则是后现代主义风格的巴士底剧院，它极具时尚的魅力。

2 七月柱

巴士底广场的标志性建筑 ▎推荐星级 ★★★★

攻略HOW

地址 Place de la Bastille

交通 地铁1、5、8号线巴士底站出站

雄伟壮观的"七月柱"是巴黎的名景，它建于1830年，高达52米，柱身由青铜铸造而成，基座则是坚固的大理石。这根纪念柱的整体造型简洁明快，其顶部为一个象征着自由的金色天使，是象征在1830年的七月革命和1848年的二月革命中为寻求自由而发动起义的人们的。铜柱上还刻有在二月革命中牺牲的烈士的姓名，以供后人瞻仰和纪念。每到夜间，七月柱在附近灯光的照射下更显得华美异常，是人们拍照留念的好地方。

3 雨果纪念馆

纪念文学大师雨果的展馆 ▎推荐星级 ★★★★

攻略HOW

地址 6 Place des Vosges, 75004 Paris, France

交通 地铁1、5、8号线巴士底站出站

电话 01-42721016

这座位于孚日广场6号的纪念馆是由一代文学大师维克多·雨果的故居改建而来的，里面不但收藏着与大师相关的各种资料，房屋内的陈设也是按照当时的布局而放置的。

雨果在这里居住十余年，许多脍炙人口的小说都是完成于此，里面不仅有对那些耳熟能详的文学作品的介绍，也有珍贵的手稿和少见的雨果亲笔画作。纪念馆内还有一处充满浓郁中国色彩的房间，里面都是雨果为情人朱丽叶亲自挑选的东方家具。

4 孚日广场

巴黎最为古老的王室广场 ▌推荐星级 ★★★★

深藏于巴黎市区中的孚日广场是一个极富魅力的旅游景点，这里古建筑众多，它们排列成行，线条鲜明，极为壮观。这里的许多建筑是从15世纪初期开始修建的，既有雄伟壮观的宗教建筑，也有华美典雅的贵族宅第。来到孚日广场可以参观这里诸多画廊、艺廊，感受艺术之都的独特魅力，还能到艺术品商店中选购商品。漫步在这个广场上，能够体会到巴黎独有的文化气息，将自己从那喧嚣的都市中隔离开来。

攻略HOW

▌**地址** Place des Vosges
▌**交通** 乘地铁1号线在Saint－Paul站出站

5 法国历史博物馆

记录法国历史的地方 ▌推荐星级 ★★★★

攻略HOW

▌**地址** 60 Rue Vieille du Temple
▌**交通** 乘坐地铁1号线在Saint－Paul站出站
▌**电话** 01-40276096
▌**门票** 3欧元

法国历史博物馆是一个收藏品众多、巴黎市区内少见的纯粹以历史事件为主题的博物馆。这个博物馆内最为珍贵的收藏品当数法国大革命时期所颁布的《人权宣言》的底本之一，这是一份具有划时代意义的文件，对后世影响很大。法国历史博物馆另一件镇馆之宝是圣女贞德亲笔所写的抗争信，也是这位女英雄极为少见的遗留物之一，值得人们驻足观赏。在这还能详细地了解到风靡一时的沙龙文化的发展历史，从一个侧面角度来解读繁荣的法国文化。

6 侯安宅第

华美的贵族宅第 ▌ **推荐星级** ★★★★

攻略HOW

地址 87 Rue Vieille du Temple
交通 乘地铁1号线在Saint－Paul站出站

孚日广场周边拥有众多旧时贵族的宅第，其中以侯安宅第最为出名，它也是16世纪晚期法国贵族建筑样式的代表作之一。这组建筑群虽然面积不够庞大，但是设计精巧，构思新颖，各种出彩之处令人叹为观止。宅第的外部造型是那个时代的典型，有着华美典雅的风格。漫步来到房屋的内部，则能看到令人眼花缭乱的各种装饰物，其中最引人注目的则是一座精美的浮雕，那是一匹神采飞扬的骏马，据说是太阳神阿波罗所驾驭的马匹。

7 卡纳瓦莱博物馆

全面展示巴黎历史文化的博物馆 ▌ **推荐星级** ★★★★

攻略HOW

地址 23 Rue de Sevigne
交通 乘地铁1号线在Saint－Paul站出站
电话 01－44595858

卡纳瓦莱博物馆是巴黎著名的历史文化博物馆，它是由画家赛薇涅夫人的住宅改造而来的，里面不仅展出着这位女艺术家的诸多作品，同时还展出着许多珍贵的收藏品。该馆的诸多展品大都是与巴黎的历史息息相关的，既有各种反映不同时期巴黎城市风貌的资料，也有与此相对应的各种艺术作品，因而能让游客更全面地了解那过往的故事。博物馆内的珍品多以绘画为主，它们都是由许多艺术收藏家捐献而来的。

巴士底广场

8 苏利宅第

豪华的贵族宅第 ▌ 推荐星级 ★★★★

　　苏利宅第是一座建于16世纪初期的华美建筑，它是一栋典型的文艺复兴建筑，拥有多处富丽堂皇的景观。这里最吸引目光的是那美轮美奂的法式花园，里面鲜花盛开，又有许多精美的雕刻作品，有着极高的艺术欣赏价值，游人们常在此摄影留念。宅第内部的装修也是极有品位的，高雅而富有情趣。

　　苏利宅第因其保存了完整的贵族风貌，是热门的影视剧外景地之一，所以来到这里的游客们会有似曾相识的感觉。

9 圣保罗-圣路易教堂

华美的巴洛克式教堂 ▌ 推荐星级 ★★★★

攻略HOW

地址 7 Passage Saint-Paul
交通 乘地铁1号线在Saint-Paul站出站
电话 01-42723032

　　圣保罗-圣路易教堂是巴黎诸多古老教堂中最具巴洛克式风格的一座，它建于路易十三统治时期，是巴黎市的名景。这座教堂的整体风格华美精致，巨大的圆顶是这里最醒目的特征，那口历史悠久的铜钟则会将悠长浑厚的声音传遍巴黎市区。教堂的大门上方刻有精美的浮雕，内容则是取材于宗教神话传说中的故事，具有极高的观赏价值。走进教堂内部，能够感觉到独特的空灵之感，阳光从巨大的彩绘玻璃窗中折射进来，更给这里增添了一丝神圣的气息。

10

共和国广场

记录法国近代历史的广场 ▍ 推荐星级 ★★★★

攻略HOW

地址 Place de la Republique
交通 乘地铁3、5、8、11号线在Republique站出站

　　建于19世纪中期的共和国广场，是一个因在巴黎市区的街垒战中起着重要作用而扬名的广场。这个长方形的广场面积不大，但却是巴黎著名的游行、集会的汇集地和发起地，来到这里的游客们可以感受到这种法国人独有的浪漫主义政治生活。位于共和国广场中心的玛丽安雕像，它又被称为共和女神雕像，是法国成为共和制国家的象征，雕像的基座部分还刻有法国的历史年表，这是了解法国历史的好地方。

圣马丁渠

流淌在巴黎市区的运河 ▍ 推荐星级 ★★★

攻略HOW

地址 29 Rue du Faubourg du Temple, 75010 Paris, France
交通 乘地铁1、5、8号线在巴士底站出站

　　圣马丁渠是法国最富有浪漫气息的运河，它可以算得上是塞纳河的支流，两岸风景优美，是巴黎著名的景点。这条渠主要流淌于巴黎的第十区，终点是著名的拉维莱特公园，这里有着安宁平和的气息，与人们印象中那充满喧嚣的大都市巴黎有着完全不同的风情。行走在渠旁的步道上可以欣赏两侧的古老建筑，感受这里弥漫在空气中的浪漫气息。这条渠又是许多影视剧的外景地，热爱法国电影的人们会经常看到一个个似曾相识的景点。

12 毕加索美术馆

收藏艺术大师毕加索作品的地方 ▌推荐星级 ★★★★

毕加索美术馆是收藏艺术大师毕加索作品的地方，除去让它享誉世界的画作外，这里还有许多其他作品。这个博物馆所在的建筑本身就是一栋华美的建筑艺术作品，整体风格变化多样，与展馆的主题相当契合。美术馆内展出了毕加索在不同时期的作品，包含了他所经

攻略HOW

地址 5 Rue de Thorigny, 75003 Paris, France

交通 乘坐地铁1号线在Saint-Paul站出站

电话 01-42742497

门票 6.7欧元

历过的多种风格，游客们来到这里，可以清晰地了解到这位大画家的艺术风格演变过程。值得一提的是展馆内还有大画家的雕刻作品、素描和版画作品可供参观。

9 巴士底广场

EAT

好吃

I 雨果咖啡馆

感受古老巴黎风情的咖啡馆 ▎**推荐星级 ★★★★**

位于孚日广场上的这家咖啡馆因靠近著名的雨果纪念馆而得名，它是附近居民和游人们放松、休闲的地方。来到这家咖啡馆内可以喝到香浓醇正的咖啡，也能品尝到各种美味的餐点，它们虽然都是普通的菜肴，但是经过厨师的精心制作而变得格外可口。

游客们在休憩的同时，还能在这里纵览孚日广场的幽美景色，将这个巴黎最为古老的广场的点点滴滴记录下来，成为永恒的回忆。

攻略HOW

地址 22 Place des Vosges, 75004 Paris, France
交通 地铁Chemin Vert站出站
电话 01-42726404

巴黎周边10

PLAY
好玩
127

好玩

I 拉德方斯新区大拱门

现代巴黎的象征 ▌**推荐星级** ★★★★

拉德方斯新区大拱门是现代巴黎的象征，和凯旋门、香榭丽舍大街、协和广场在同一中轴线上，拱门上原有展望台和电子游戏博物馆、数字信息博物馆等，不过近年来因为电梯故障这里已永久关闭，游人只能从其外观上来感叹它的辉煌了。

攻略HOW

交通 乘地铁1号线在拉德方斯站出站

门票 9欧元

2 布洛涅树林

巴黎人最爱的休闲场所 ▌推荐星级 ★★★★

攻略HOW

地址 Bois de Boulogne Entre par le Jardin d'acclimatation, 75016 Paris, France

交通 乘地铁10号线在Porte d' Auteuiletk站出站

电话 01-53928282

布洛涅树林位于巴黎市西郊，这里曾是法国王室的御用林，面积达800多公顷。如今已经成为巴黎人最爱的休闲场所。这里有很多游乐设施，不论是小孩还是大人都能在这里收获到放松娱乐的乐趣。

3 凡尔赛宫

气势恢弘的王宫 ▌推荐星级 ★★★★★

凡尔赛宫位于巴黎郊外，曾经在长达100多年的时间里作为法国王宫使用，更是法国乃至全欧洲的贵族活动中心。这里宫殿恢弘壮丽，还拥有华丽的花园和喷泉，内部陈设等更是极尽奢华。在法国大革命时期这里曾多次被破坏，后来它被修复后成为一处历史博物馆。

攻略HOW

地址 Place Raymond Poincar 78000 Versailles, France

交通 乘RER C线在Versailles Rive Gauche站出站

电话 01-30210101

门票 7.5欧元

1 礼拜堂　精美优雅的教堂

　　这座礼拜堂完工于1703年，由于其楼上就是国王的宝座，这里特别采取了将天花板抬高的设计。整座建筑充满了洛可可式风格，天花板上精美的壁画更加深了这里的飞升感。

2 水星厅　路易十四的灵堂

　　水星厅曾经是大居室内的主卧室之一，后来路易十四命人将床移走，改为放置他喜欢的游戏桌。这里布置华丽，装饰物品大多用金银，可谓金碧辉煌。路易十四死后，这里也被用作国王的遗体存放处。

③ 狄安娜厅　娱乐用的台球室

狄安娜厅和金星厅一样都是国王大居室的前厅，在希腊神话中狄安娜是狩猎之神，所以这里的壁画装饰也大多以狩猎画面为主。而当大居室举行晚宴时，这里会被作为台球室使用，是国王和贵族及女眷们娱乐的地方。

④ 金星厅　国王大居室的主要入口

金星厅是国王大居室的主要入口之一，这里的装饰充满了巴洛克风格。正如这座厅堂的名字一般，到处都能感到爱神维纳斯所释放出的柔情，周围的壁画也大多和其传说有关。

⑤ 丰收厅　王室成员们举行宴会的大厅

丰收厅是王室成员们举行宴会的场所，也曾经是路易十四收藏奇珍异宝的地方。在厅里有一个专门的餐台为人们提供咖啡和酒，还可以在这里的珍品室内参观路易十四所收藏的各种宝贝。

⑥ 海格力斯厅　凡尔赛宫最大的房间

海格力斯厅是凡尔赛宫最大的房间之一，这里原是国王的居室，其拱顶有4层楼高，上面描绘着希腊神话中的英雄海格力斯一生的丰功伟业，场面恢弘壮观。

⑦ 火星厅　充满军事色彩的装饰

　　这个房间原本是大居室的卫士厅，因此就以希腊神话中的战神为其命名，这里的壁画装饰也很具军事色彩。后来在大居室举行晚宴时，这里就被当做舞厅使用。

⑧ 阿波罗厅　路易十四的宝座所在

　　阿波罗厅是路易十四专门奉献给太阳神阿波罗的，对于喜好艺术和文艺的路易十四来说，阿波罗是他的保护神，因此这里也是各个房间里最为奢华的一间。房间里到处都能看到精美的油画和雕塑，国王的御座也被摆放在这里，周围是用天鹅绒等制成的华盖，高贵非凡。

⑨ 镜厅　凡尔赛宫最奢华的部分

　　镜厅被认为是凡尔赛宫中的镇宫之宝，这里以17面由483块镜片组成的落地镜闻名，是整座凡尔赛宫中最为奢华辉煌的部分。无数块镜片反射了来自外部的自然光，将这里装点得气势非凡，国王在这里接见来自各地的使节，因此这里也被认为是国王无上权力的象征。

10 战绩厅　展示路易十四的赫赫武功

　　战绩厅顾名思义，主要是展示几十幅描绘从法国征服罗马，到拿破仑时代的各大战役的巨型壁画。其中还包括一尊代表路易十四击败荷兰、英国和罗马帝国三国同盟的辉煌战绩的浮雕，其中的路易十四身着战袍，骑在马上指挥军队渡过莱茵河，霸气十足。

11 和平厅　充满了人们对和平的期待

　　和杀气腾腾的战绩厅相比，和平厅就显得宁静而自然。正面一幅巨大的壁画几乎占据了厅内半壁空间，画中描绘了法王路易十五将一束橄榄枝递给整个欧洲的场景，画中每个人都面带笑容，充满了对和平的向往。

12 王后寝宫　历代法王王后的寝宫

　　王后寝宫位于主楼南侧，是历代法王王后的居室。包括卧室、私室、候见厅、卫兵厅等7个房间。这里有两道暗门，一道通往国王寝宫，一道通往密室。

13 贵人厅　招待女宾的大厅

　　贵人厅是王后寝宫的一部分，是王后用来招待女宾的地方，也被称作"玛丽王后厅"，这里的布置和一侧的鸿宴前厅遥遥相对。路易十四的王后玛丽·泰利斯就是在这里被引见给各位贵族，同时女宾入宫时也要在这里进行自我介绍。

14 鸿宴前厅   王后的餐厅

　　鸿宴前厅也位于王后寝宫中，是平时王后用餐的地方，这里的装饰和贵人厅很相似，其中的家具都是路易十六的王后玛丽・安托内特所购置，非常华贵奢侈。

15 守卫厅   保护王后安全的防御设施

　　守卫厅是王后的守卫们所在的房间，房间里的陈设很普通，堆满了行军床、枪架和桌子，这里的屏风也可以用来作为防御设施使用，是外部入侵时的第一道防线。

16 加冕厅   存放着拿破仑加冕的壁画

加冕厅的前身是凡尔赛宫的第三礼拜堂，后来改为国王和王后的卫兵厅，在拿破仑三世时期被改名为加冕厅。在这里最著名的油画当数《拿破仑的加冕大典》，这幅画共有两幅，另一幅藏于卢浮宫。

17 牛眼窗前厅   特色鲜明的牛眼窗

牛眼窗前厅是国王寝宫的第二个候见室，在1701年方才建成。在厅中天花板下中楣上有一扇椭圆形窗户，状似牛眼，这里因此而得名。牛眼窗周围全是制作精美的镀金浮雕，内容为正在跳轮舞的儿童形象，很具18世纪活泼的艺术感觉。

18 国王寝宫   路易十四的寝宫

国王寝宫位于主楼之东，在海格力斯厅、丰收厅、金星厅（维纳斯厅）、狄安娜厅、战绩厅、水星厅、阿波罗厅等7个房间的簇拥之中。在寝宫内有国王使用的豪华织锦大床，带有绣花天棚，围以镀金的护栏。

19 会议室 凡尔赛宫的政治中心

会议室位于寝宫北侧，和牛眼窗前厅相对。是国王处理朝政和商讨大事的地方，在路易十四时期他经常在这里召集财政大臣或国务咨议会进行商议，确定政策和方针。

20 阿波罗喷泉 凡尔赛宫内最引人注目的喷泉

阿波罗喷泉是凡尔赛宫最为引人注目的一处喷泉，它的设计师在这里创作了阿波罗乘坐四匹马拉着的太阳车冲出水面的精美雕塑。其中阿波罗肌肉强健，神情威严，衣袂在风中飘荡般的效果栩栩如生。

21 四季池 一个水池幻化出四季的模样

四季池位于凡尔赛宫的后花园，这里有一个喷泉群，四季池位于它们的低处，是一个圆形水池。在水池中使用四组喷泉展现出了一年四季的不同风貌，每个季节的代表性动物都化成了池中的喷水口往外不停地喷着涓涓细流。

22 大运河 凡尔赛宫里水上活动的胜地

大运河是凡尔赛宫里一道亮丽的风景，这条人工开凿的运河长1670米，工程持续了11年。

在这里主要举行一些水上庆典，路易十四曾经往里面放了很多军舰的模型，威尼斯共和国也给法王送来了很多贡多拉。

23 安斯拉德小树林　幽深苍翠的树林

　　安斯拉德小树林是凡尔赛宫内一处水池和树丛构成的景色。在绿色苍翠的树木环抱中有一处喷泉。喷泉的造型为希腊神话中的巨人安斯拉德，场景描绘了安斯拉德妄图攻击奥林匹斯众神，结果被巨石吞没的场面，泉水从巨人雕像的嘴里喷出，构成一幅悲壮的图案。

24 大堤亚侬宫　路易十四情妇的居所

　　大堤亚侬宫是路易十四在1687年建造的小宫殿，宫殿采用粉红色的大理石砌成，虽然没有凡尔赛宫主楼那样奢华高贵，但是也自有一番生活气息。路易十四曾经长期在这里和其情妇偷欢，远离严肃枯燥的宫廷生活。

25 小堤亚侬宫　玛丽王后的居所

　　小堤亚侬宫位于大堤亚侬宫的附近，是路易十五所钟爱的一座宫殿。路易十五最喜爱的两位情妇都曾住在这里。到了路易十六时期这里又成了王后玛丽的居所。

26 王后娱乐村　追求时髦的创举

　　王后娱乐村位于小堤亚侬宫附近，是一个很富田园风光的地方。这里初看起来好像一处农庄，还到处散养着牛羊。这是路易十六的王后玛丽·安托内特追求时髦的又一创举，娱乐村被一片池塘分割成为农场和渔场两个部分，当年玛丽王后经常在这里看着人们繁忙农耕的场景，当做一种娱乐。

4 枫丹白露

巴黎东南的美丽小镇 ▮ 推荐星级 ★★★★

攻略HOW

地址 位于巴黎东南65公里处

交通 乘地铁14号线或RER线在里昂车站出站后换乘开往枫丹白露的火车

门票 大殿线路5.5欧元，小殿线路3欧元

　　枫丹白露是位于巴黎东南方的一个市镇，这里不光是多个历史重要事件的发生地，也是风景优美的旅游胜地。尤其以枫丹白露宫和枫丹白露森林而闻名，每年来到这里的游客超过1300万人，其中枫丹白露森林就吸引了数百万人，这里风景迷人，橡树、枥树、白桦等各种针叶树密密层层，到了秋天各色树叶将这里染得五彩缤纷，不愧枫丹白露的美名。

1 枫丹白露宫　法国最大的王宫

　　枫丹白露宫是法国最大的王宫之一，这座宫殿修建于法王路易六世时期，多位国王将这里作为王宫或是行宫，也曾招待过来自欧洲其他国家的王室成员。到了近代这里更是作为北约的军事总部很长一段时间，是一座很具传奇色彩的宫殿。

2 白马庭院　枫丹白露宫的主要入口

　　白马庭院是枫丹白露宫的主要入口之一，这里最显著的标志就是那马蹄形的台阶，在庭院里还有一座白马的雕塑，这就是这里名字的由来。拿破仑与这座庭院渊源颇深，他退位时就是在这里和卫兵们告别，因此这里也被称作"永别庭院"。

③ 舞会厅 专门用作举行舞会的大厅

舞会厅也称作亨利二世长廊，这是一处长30米，宽10米的建筑。顶上巨大的藻井分外显眼，同时各种精美的彩绘从天花板上一直延伸到柱子和墙壁上。墙上的木质护壁都披上了暗金色，使得大厅金碧辉煌。

④ 戴当贝夫人房 朴素低调的房间

戴当贝夫人房位于路易十五沙龙的后侧，这个房间一改其他部分的奢华，装饰十分朴素，正如她的沉稳低调的性格一般。虽然这里现存的家居布置早已不是当时的原物，但是依然可以从中看出戴当贝夫人当时的身份和其恬淡的性格。

⑤ 王后寝宫 历代王后的寝宫

王后寝宫建于亨利四世时期，因为离国王寝宫比较近，有时王太子也会在这里居住。主要分作王后阶梯、沙龙、狄安娜长廊、王后寝室等部分，每个部分都用壁画做了精心的布置，而且都按照不同的时期分别布置，能让人了解各代王后的生活习惯。

6 路易十三世沙龙　路易十三的出生地

　　路易十三世沙龙是法王路易十三的出生地，在路易十三出生后不久，他的父亲亨利四世就将这里装修一新。这里的装饰与众不同，在天花板上绘有一个小孩坐在海豚身上的壁画，在法语里海豚和王储是一个读音，以此来象征身为王储的路易十三。

7 宝座殿　放置拿破仑宝座的宫殿

　　宝座殿是拿破仑入住枫丹白露宫后由原国王的卧室改建而成的。这间房间装饰极为豪华，无论是墙上镀金的装饰还是到处都是的红色天鹅绒饰品或是巨大的水晶吊灯都显示出拿破仑睥睨天下的霸者气息。

8 国王寝宫　　拿破仑的寝室

国王寝宫原本是路易十六时期的梳妆厅，拿破仑入住这里后将其改成了自己的卧室，而其后的几代法国国王也都将这里当做自己的寝宫。这里的装饰全部都是描金的，正中的雕花镏金大床是法国著名木匠的作品，床头板一面雕刻着"高贵"与"荣耀"的字样，另一面刻的是"正义"跟"富足"。

9 法兰西斯一世长廊　　枫丹白露宫内最美的长廊

法兰西斯一世长廊建于1544年，这里最大的特色就是墙壁上下分层鲜明，下层使用了胡桃木雕刻的护壁作为装饰，而在上层则安放了很多大型的油画，在油画周围还有很多天使和花束的浮雕，色彩丰富而大胆，使得整条长廊显得高贵而典雅。

10 国王私人客厅　拿破仑签署退位诏书的地方

国王私人客厅也叫退位厅，拿破仑就是在这里签署了退位诏书而承认了自己的失败，这是影响欧洲历史进程的一大重要事件。至今这里依然保存着拿破仑时期的陈设，屋子正中那一张小圆桌就是当年拿破仑签字退位的地方。

11 圣三会小教堂　枫丹白露宫内最美的教堂

圣三会小教堂始建于法兰西斯一世时期，是在路易九世时期的圣三一救济修道院的基础上修建的。教堂里装饰精美，尤其是圣坛，更是意大利著名建筑家的作品，在其左右分别有路易十三和亨利四世的雕像，这两位法王为了突显自己，还特地把自己塑造成查理曼大帝和圣路易的形象。

12 喷泉庭园　以喷泉而闻名的庭园

喷泉庭园距离白马庭院不远，是一处四方形、一面开放的庭园。在园中有一座自然喷泉，泉水终年汩汩地从泉眼中涌出，喷泉庭园的名字即由此而来。喷泉的雕塑是希腊神话中的英雄奥德修斯。

13 英式花园　英国造园的经典样式

英式花园是拿破仑称帝后修建的，占地3公顷。园内水渠纵横交错，树木错落有致，和法式庭园注重美感和浪漫不同，这里更重视庭园的布局和格式，更显出一种规整的美。

14 大花坛　欧洲最大的花坛

大花坛位于枫丹白露宫的法式花园内，居于鲤鱼池和长渠之间，号称欧洲最大的花坛。这座花坛建于路易十四时期，花团锦簇的鲜花围绕着一处四方形的喷水池，水池中有造型精美的喷泉雕塑。

15 鲤鱼池　引领时尚的风潮

鲤鱼池位于喷泉庭园南侧，过去曾经是一片沼泽地，法兰西斯一世将这里改造成了一片人工湖，并在湖里养殖了很多鲤鱼。在湖中央还有一座小小的湖心岛，波光粼粼的湖面好像一面镜子，将四周英式花园的美景展现无遗。而此后在花园中设置湖泊也就成了法国贵族们争相仿效的时尚。

⑤ 巴黎迪斯尼乐园

欧洲第一座迪斯尼乐园 ▌推荐星级 ★★★★

巴黎迪斯尼乐园位于巴黎以东，于1992年正式启用。这里由美国城镇街道、边疆乐园、探险乐园、幻想乐园和发现乐园等五大部分组成，分别将迪斯尼童话中各个场景生动地复制了出来，沿路还能看到很多熟悉的童话人物。这里最引人注目的项目当数飞车表演，由特技人员驾驶多辆汽车，展现非凡的驾驶技术，让人惊叹不已。

攻略HOW

地址 位于巴黎以东32公里
交通 乘RER A线在Marne—la—Vallée站出站
电话 08—25300222
门票 44欧元

6 尚博堡

卢瓦尔河畔最宏伟的城堡 ▍推荐星级 ★★★★

　　尚博堡位于卢瓦尔河谷中，是这里诸多城堡中最宏伟最大的一座，是法王法兰西斯一世最得意的作品，代表了他对艺术的终极追求，在某些地方这里甚至超越了凡尔赛宫。整座城堡共有440多个房间，通体呈白色，无数尖顶和烟囱矗立在顶部，远远看去就好像一个奶油蛋糕。在尚博堡周围有大片的狩猎苑，是法王狩猎娱乐的地方。

攻略HOW

地址 卢瓦尔-谢尔省布卢瓦城郊卢瓦尔河畔

交通 乘地铁8、9号线在Bonne Nouvelle站出站后参加卢瓦尔河旅游团

门票 7欧元

7 舍侬索城堡

建于河上的城堡 ▎推荐星级 ★★★★

舍侬索城堡位于卢瓦尔河上，城堡本身就横跨河岸，也被称作"桥上之城"。这里先后住过六位颇具传奇色彩的女性，让这座本已显得典雅华贵的城堡更带上了很多阴柔之气。无论是室内装饰还是花园的布置都显露出女性浪漫的品位。虽然这里的故事很有些伤感的意味，不过正因为这一点也吸引了不少游客。

攻略HOW

地址 Place de la Mairie, 37150 Chenonceaux, France

交通 乘地铁8、9号线在Bonne Nouvelle站出站后参加卢瓦尔河旅游团

电话 02-47239007

门票 9.5欧元

攻略HOW

地址 6 Place du Château, 41000 Blois, France

交通 乘地铁8、9号线在Bonne Nouvelle站出站后参加卢瓦尔河旅游团

电话 02-54903333

8 布卢瓦城

多种风格汇集的城堡 ▎推荐星级 ★★★★

布卢瓦城位于卢瓦尔－谢尔省的布卢瓦镇，是这座古镇的防御中心。城堡位于高山之上，居高临下，除了在战时可以取得有利地形外，平时还能遍览卢瓦尔河上的美景。如今呈现在人们眼前的布卢瓦城汇集了文艺复兴、哥特式、古典主义等多种建筑风格，可以说是一座建筑艺术的博物馆。

① 路易十二侧楼　火焰哥特式侧楼

　　路易十二侧楼建成于1503年，是典型的火焰哥特式风格，这座侧楼一侧和中世纪堡垒相连，另一侧同圣加莱小教堂连接在一起。这里融北欧和意大利的装饰风格于一体，在二层的皇家套房内还设有美术博物馆。

② 中世纪堡垒　法国现存最大的早期哥特式建筑

　　中世纪堡垒是布卢瓦城中历史最悠久的一座建筑，是法国现存最大的早期哥特式建筑。黑瓦白墙的它在其他建筑的掩盖下不那么显眼，朴实的风格也和其他建筑格格不入，但是它却有自己独特的古典魅力。

③ 加斯东侧楼　古典主义风格的侧楼

　　加斯东侧楼是城堡几座侧楼中最年轻的一座，与路易十二侧楼遥遥相对，一侧与法兰西斯一世侧楼相连，整座建筑呈古典主义风格，由于多种原因这里实际上最后并未完工，也算是一种缺憾之美。

④ 法兰西斯一世侧楼　文艺复兴风格的侧楼

　　法兰西斯一世侧楼是城中最知名的一座典型的文艺复兴风格建筑。这里有着和尚博堡类似的单螺旋楼梯和"包房立面"，反映了建造它的法兰西斯一世个人对文艺复兴时期风格的强烈喜好。

9 沙特尔大教堂

法国四大哥特式教堂之一 ■ 推荐星级 ★★★★

攻略HOW

交通 沙特尔火车站步行即可到达

电话 02-37212151

沙特尔大教堂是法国著名的教堂之一，这是一座标准的法国哥特式教堂，与兰斯大教堂、亚眠大教堂和博韦大教堂并称为法国四大哥特式教堂。建筑正中间高大的尖塔引人注目，四周有雕刻精美的门廊，配上色彩多变的彩绘玻璃，使得整座教堂熠熠生辉。教堂内精美的雕塑更是这里的宝藏之一，反映了法国艺术的卓越成就。

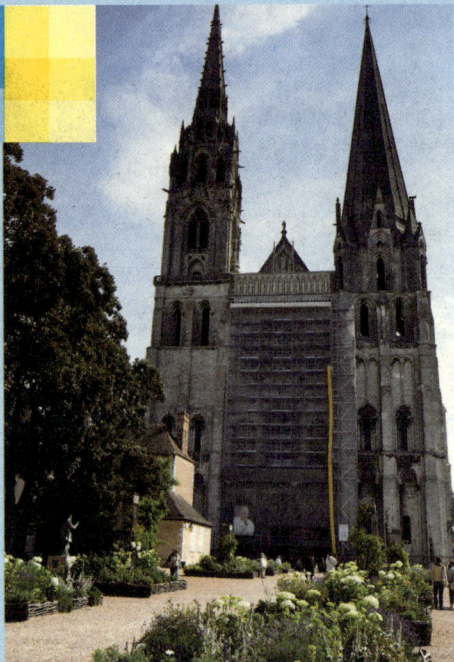

10 尚蒂伊城堡

超然脱俗的城堡 ■ 推荐星级 ★★★★

攻略HOW

地址 Château de Chantilly-Musée Conde

电话 03-44273180

门票 12欧元

尚蒂伊城堡位于巴黎北郊，和凡尔赛宫一样同出自建筑大师勒诺特之手。城堡三面环水，一面是森林，自然环境幽美宁静。城堡的建筑也依照环境，显得自然而优雅，蓝瓦白墙的外观一扫尘世间的凡俗之气，散发出独特的魅力。这里除了经常举办展览外，还会每隔一年，在城堡前面的花园草坪上举行"国际烟火比赛"。各色烟火在古堡的映衬下光彩夺目，让人目眩神迷。

11 马匹博物馆

展示马匹之美 ▌推荐星级 ★★★★

马匹博物馆建于18世纪，原来是为了存放尚蒂伊城堡中240匹马和400多头猎犬而用。后于1982年正式改为马匹博物馆，这座博物馆主要向人们介绍马匹之美，在30多个大大小小的房间里展出了各式马具、马车和有关马的绘画等。在这里还能见到真正的皇家纯血马，并有骑手为游人们做马术表演。

攻略HOW

▌电话 03—44273163
▌门票 10欧元

12 奥维尔

凡·高黄金麦田之旅 ▌推荐星级 ★★★★

攻略HOW

▌地址 Auvers sur oise
▌交通 巴黎火车北站乘火车在St.Ouen l'Aumone站换乘前往Auvers sur oise的车

位于巴黎附近的小镇奥维尔是举世闻名的画家凡·高最后的家，他在这里度过了自己最后的日子，并且创作了很多流传千古的名画。他用他的画笔记录了奥维尔小镇的无数风光，通过他的画作，可以看到画中一座座建筑的原貌，是了解凡·高、进入凡·高生活的一段必不可少的旅程。

1 奥维尔教堂 奥维尔最主要的教堂

1890年，凡·高在法国奥维尔接受治疗，奥维尔教堂则是当地最主要的教堂。这座教堂始建于13世纪，是一座哥特式和罗马式相结合的建筑，凡·高根据这座教堂还创作了同名油画，就在创作完这幅画一个月后，凡·高便自杀了，至今这里是纪念凡·高的一处重要场所，无数人前来瞻仰这处凡·高生命最后经历的地方之一。

② 嘉舍大夫家 凡·高接受治疗的地方

嘉舍大夫家位于奥维尔的一座山丘上，外观看上去像是一处农家，种植着各种花花草草的庭院里还养着不少鸡鸭，而在屋子里则放满了各色古董和艺术品，很符合嘉舍大夫喜爱艺术和绘画的性格。凡·高在这里度过他人生最后的一段日子，在接受治疗的同时还创作了包括《嘉舍大夫像》在内的很多画作。

③ 杜比尼花园 凡·高最喜欢的风景

杜比尼花园是凡·高最欣赏的画家杜比尼购置的花园，这里也是凡·高最喜欢的地方之一，他曾经以杜比尼花园为主题画了多幅画作。如今杜比尼花园并不向游人开放，人们只能通过花园外的凡·高画作指示牌来感受这里优美的风光。

④ 麦田 凡·高自杀的地点

麦田可以说是奥维尔最著名的景色，金黄色的麦浪顺着山势延伸，一眼望不到头。凡·高在自己的信中对这里的景色赞不绝口，创作了著名的《麦田上空的乌鸦》等画作。1914年，凡·高在这片麦田中开枪自杀，2天后死去，也许是出于对这片美景的钟爱，他才选择在这里结束自己的生命。

⑤ 哈雾旅店 凡·高最后的居所

哈雾旅店是凡·高最后的居所，当时凡·高以每天3.5法郎的价钱居住在这里。至今这里还保留着凡·高当年住过的房间，房间里没有床，狭窄的空间里开了一扇小窗，还有一把凡·高曾经用过的椅子。旅店三层是一处凡·高纪念室。不过很遗憾，凡·高并没有留下有关旅店的任何画作，但是店里倒是保留了凡·高最喜欢的橄榄油腌鲑鱼马铃薯，还是这里的招牌菜式。

11 诺曼底

PLAY
好玩
152

11 诺曼底

PLAY

好玩

❶ 联军登陆博物馆

纪念诺曼底登陆的博物馆 ▊ 推荐星级 ★★★★

　　位于诺曼底海岸附近的联军登陆博物馆是一个纪念那场著名的登陆战的博物馆。这个博物馆里的展品众多，有当时盟军各国士兵所使用的武器装备，还有许多与登陆作战相关的照片、图片资料，这里还有许多反映战况的文字资料，它们是由英国海军司令部记录下来的真实资料。联军登陆博物馆内还有反映登陆场状况的战场模型，无论是盟军的进攻情形还是德军的防御战线都会清晰地展现出来，游客们可以通过它们一窥战场上惨烈的场面。

攻略HOW

▊**电话** 02-31223431
▊**门票** 6欧元

❷ 布迪旅店

第一批印象派画家投宿之地 ▊ 推荐星级 ★★★★

　　布迪旅店是众多印象派画家曾经居住过的地方，1883年，莫奈首次来到这里，此外塞尚、希斯，以及一批美国画家也慕名而来。现今，布迪旅店内依旧保留了一处古老的画室，各种画具随意摆放散落，仿佛那些画家随时都会回来继续作画。

攻略HOW

▊**地址** 81 Rue Claude Monet
▊**交通** Giverny车站步行5分钟即可到达
▊**电话** 02-32211003

3

莫奈花园

大画家莫奈的花园 ▌推荐星级 ★★★★

　　位于吉维尼的莫奈花园是大画家莫奈住处的后花园，具有独特的艺术气息，颇具游览的价值。这座花园有着独特的不对称形状，它是莫奈亲自设计，被他自己评论为："这是我最美的作品。"莫奈花园的奇妙之处在于，这里充满了热情洋溢的天然色彩，无论是绚丽的鲜花，还是碧绿的池水和洁白的莲花都是巧妙地融合在一起，构成一幅令人惊叹不已的风景画，来到这个花园可以感受到莫奈别出心裁的艺术设计和美丽的自然风情。

4

印象派美术馆

收录印象派作家的作品 ▌推荐星级 ★★★★

　　吉维尼是印象派大师莫奈的主要住处之一，因而这里的印象派美术馆就是一个以该流派作品为主要展出物的主题展馆，也是法国仅次于巴黎的印象派画作收藏最丰富的美术馆。来到这里可以看到诸多印象派大家的艺术作品，那些被创作下来的永恒瞬间，尤其是光影交错的画面更是有着无穷的魅力。印象派美术馆中收集了不少莫奈的作品，而雷诺阿、凡·高和塞尚等大师的作品也可见到。

5 格朗维尔小镇

时尚大师出生的小镇 ▌推荐星级 ★★★★

攻略HOW

▌**交通** 从圣米歇尔山乘巴士在Pontorson换乘火车在格朗维尔下

格朗维尔小镇是著名的时尚设计大师克里斯蒂安·迪奥的出生地，因而在国际上颇为知名，但是游客是为了小镇独特的风景而来的。这个古老的小镇位于海滨，最著名的景点则是奔腾不息的海浪反复冲击悬崖峭壁，这种震撼的壮观场面是难以用言语来表达的，尤其是浪花飞溅的时候，更能让人体会到大自然的无穷威力。小镇的古老房屋又是这里的一大景观，漫步在街道上的游客可以尽情领略法国建筑艺术的独特魅力。

6 圣米歇尔山修道院

宗教建筑云集的景点 ▌推荐星级 ★★★★★

攻略HOW

▌**地址** Abbaye du Mont-Saint-Michel, Le Mont-Saint-Michel, France

▌**交通** 从巴黎蒙帕纳斯车站乘坐TGV火车在雷恩换乘开往圣米歇尔山的巴士即可

▌**电话** 02-33898000

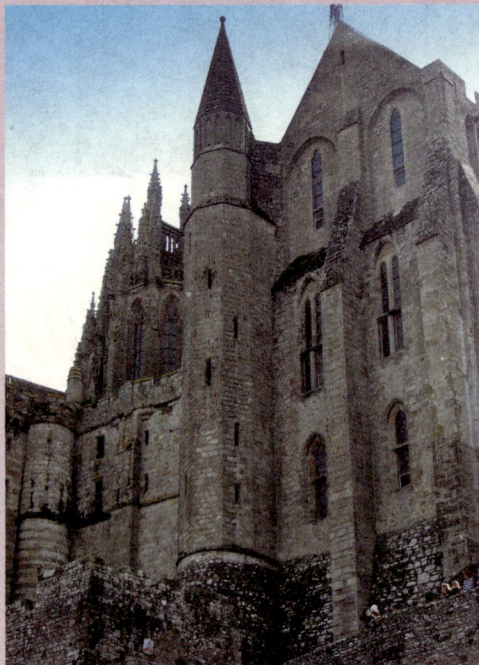

圣米歇尔山修道院是圣米歇尔山上最著名的景点，这里会聚了不同时期的基督教建筑，包括有修道院、教堂等。这座修道院的历史极为悠久，它建于8世纪，其前身是古罗马时期的祭坛，是用于纪念名为圣米歇尔的天使的。该修道院兼具古罗马建筑一贯的大气风格，它的外墙全部是由花岗岩石砌筑而成的，极为坚固雄壮。有趣的是圣米歇尔山修道院所在的地方是一个小岛，所以这里还是欣赏大海美景的地方，尤其在涨潮的时候，那种壮观的景色令人惊叹不已。

7 多维尔娱乐场

多维尔的著名旅游景点 ▌**推荐星级 ★★★★**

攻略HOW

地址 Rue Edmond Blanc
电话 02–31143114

多维尔自从法国进入工业时代以来，就是欧洲北部的交通枢纽，因而各种吃喝玩乐的设施也是一应俱全。多维尔的娱乐场也是欧洲最早的现代赌场之一，它始建于19世纪中期，现在的建筑则是在原址上重建的。整个娱乐场的设施豪华，有着富丽堂皇的风格，各种细节上周到服务，老虎机、俄罗斯轮盘、扑克牌等玩法应有尽有。

8 鲁昂圣马克劳教堂

鲁昂最著名的宗教景点 ▌**推荐星级 ★★★★**

攻略HOW

地址 3 Place Barthélemy, 76000 Rouen, France
电话 02–35712809

建造于14世纪的鲁昂圣马克劳教堂是哥特式建筑代表作之一，它的精美之处在于独特的外观造型。近观这座教堂可以看到无数三角形的线条和圆拱，它们相互连接，构成了一个个华美的图案，令人叹为观止，这种独特的造型也就是建筑艺术中著名的火焰哥特式建筑风格。圣马克劳教堂内部的装饰简朴大方，只有那华丽的玫瑰窗才给这里带来一丝绚丽的色彩。走进教堂中庭可以看到高耸的尖顶，那也是这座教堂的一大特色。

9 鲁昂旧城区

古建筑云集的地方 ▌推荐星级 ★★★★

位于鲁昂城区中的旧城区是一个欣赏法国古建筑的好地方，而且大文学家福楼拜就出生在那里。蓝色塞纳河静静地流淌于鲁昂的市区间，穿过那些历尽沧桑的桥梁，就到了古色古香的旧城区。这里的建筑多为中世纪时期所建，很多都被辟为各种博物馆和展馆，因而给该城带来了"博物馆城"的美誉。漫步在古老的街道上，看到的都是那些洋溢着法兰西风情的房屋，仿佛穿越了时光隧道，来到了那充满着宁静气息的旧时代。

攻略HOW

交通 乘地铁在Palais de Justice站出站

10 圣女贞德教堂

纪念法国历史上女英雄的教堂 ▌推荐星级 ★★★★

攻略HOW

地址 60 Rue Chevalier de la Barre, 33130 Bègles, France

电话 05-56859008

圣女贞德教堂是为了纪念在百年战争中英勇奋战，却不幸被自己人所出卖的女英雄贞德的地方。这座教堂的原址是当年英国人杀害贞德的刑场，在这里纪念这位女英雄有着独特的意义。圣女贞德教堂与传统的宗教建筑的风格大相径庭，这座建于20世纪70年代末的教堂有着相当独特的后现代主义风格。它的造型取自诺曼底人的祖先维京人所惯用的海盗战船，象征着当地居民的不屈精神。教堂墙壁上还有一块浮雕展现的是贞德英勇就义时的情形，极为精美，令观者感动不已。

11 鲁昂圣母大教堂

鲁昂的标志性建筑 ▍推荐星级 ★★★★

攻略HOW

交通 乘地铁在Palais de Justice站出站

鲁昂圣母大教堂是一座极具魅力的哥特式教堂，同时也是欧洲最为雄伟壮观的教堂之一。这座教堂高大宏伟，有着惊人的气势，各处高耸的尖顶是这里的最大特点，尤其是那高达151米的铸铁钟楼尖顶，则是法国同类建筑中最高的。鲁昂圣母大教堂内部的装饰也是极具魅力的，尤其是大型彩绘窗上还刻绘着自13世纪以来的法国历史片段，也是非常精美的艺术品。有趣的是每到夜间，这座古老的教堂就会被绚丽的灯光所笼罩，同时显现出莫奈大师的不朽巨作。

12 鲁昂大钟楼

鲁昂的地标性建筑 ▍推荐星级 ★★★★

攻略HOW

地址 97 Rue du Gros-Horloge, 76000 Rouen, France

电话 02-35710949

历史悠久的鲁昂大钟楼是该城最著名的景点之一，来到这里旅游的人们无不会在此拍照，留下美好的瞬间回忆。这座钟楼融合了哥特式与文艺复兴式等多种建筑风格，有着非凡的气势。大楼的主体部分高大坚固，并刻有美丽的花纹，而作为核心部分的大钟有着朴实无华的形态，位于它下方拱廊上的复活节羔羊则是这座城市的象征。这座钟楼会在固定的时间报时，悠扬的声音会响彻全城。

12 里昂

12 里昂

PLAY

好玩

① 里昂富尔维耶尔圣母教堂

里昂最醒目的建筑 ▌**推荐星级 ★★★★**

里昂富尔维耶尔圣母教堂位于里昂最高的富尔维耶尔山上，始建于19世纪，由两座代表着正义和力量的锯齿形塔所组成。所用的石材都是从意大利运来，再由当地的雕刻师精心雕刻而成。教堂最大的特色是半圆形的后堂，屋顶有圣米迦勒的雕像。教堂建成后就成了里昂最醒目的象征建筑，非常值得一看。

攻略HOW

地址 8 Place de Fourvière, 69005 Lyon, France
交通 乘缆车在Fourvière站下
电话 04-78251301

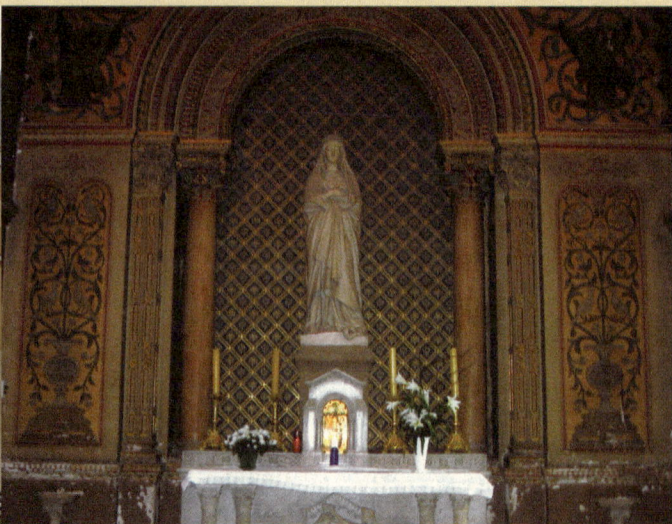

贝勒库尔广场

世界知名的城市广场 ▍**推荐星级** ★★★★

攻略HOW

地址 33 Place Bellecour, 69002 Lyon, France

交通 乘地铁A、D线在Bellecour站出站

电话 04-72402907

　　始建于1617年的贝勒库尔广场是世界知名的城市广场之一，矗立在广场中心的由里昂知名雕刻家勒莫所作的路易十四的雕像是这里的标志。广场上大部分建筑在法国大革命时被毁，目前遗留的大多都是此后重建的。广场四周林立着不少花店、咖啡店、餐馆等，非常适合放松休憩。

3

纺织博物馆

介绍纺织业在法国的历史 ▌推荐星级 ★★★★

攻略HOW

地址 33 Place Bellecour, 69002 Lyon, France

交通 乘地铁A线在Hôtel de Ville站出站

电话 04-78384200

门票 6欧元

纺织博物馆是里昂四家主要的博物馆之一。里昂作为丝绸之路的终点，丝绸纺织业从古代起就一直占据着重要的地位。这家博物馆就是把里昂数百年的纺织历史展示出来。馆内主要展出了自14世纪开始的欧洲各国纺织品，还有一些古老的织机等纺织工具。此外，博物馆里经常举办的纺织展览也是吸引游人的主要因素。

4

里昂歌剧院

很具奇幻感觉的歌剧院 ▌**推荐星级** ★★★★

攻略HOW

地址 Place de la Comédie, 69001 Lyon, France

电话 08-26305325

里昂
里昂

　　里昂歌剧院至今已经有300多年历史，原是文艺复兴时期留下的建筑。经过多次整修后，内部空间得到了扩展，建筑顶部的玻璃结构造型也很具现代感。以给人"戏剧的奇幻旅程"为设计理念，将大红绒布包厢做成百宝箱的式样，很具魔幻色彩。让人在欣赏动听的歌剧的同时，还能体会到建筑之美。

163

5

圣让大教堂

历史悠久的大教堂 ▌推荐星级 ★★★★★

位于索恩河畔的圣让大教堂至今已有近千年历史，从规划到建成共用了3个世纪的时间。由于里昂大主教享有首席大主教的地位，所以这座教堂也被称作首席大教堂。正如里昂主教的地位一般，这座教堂虽然不是最大和最华丽的，但是以其悠久的历史而远近驰名。先后有多位教皇和国王在这里举行过加冕典礼，在历史上占有重要的地位。

高卢–罗马文化博物馆

介绍古老的高卢文化 ▮ **推荐星级** ★★★★

攻略HOW

▮**地址** 17 Rue Cléberg, 69005 Lyon, France
▮**电话** 04-72384930
▮**门票** 3.8欧元

高卢–罗马文化博物馆位于圣母教堂附近，它的身下是一处古代文化考古遗址。这里最大的特色就在于博物馆的入口位于五层，每下一层就意味着经历了一个时代，一路走下来好像随着历史长河一起流动一般，充满了设计者的奇思妙想。在这里收藏了高卢时期的很多珍贵藏品，是反映里昂悠久历史的最佳场所。

7

里昂灯光节

里昂引以为豪的节日 ▌推荐星级 ★★★★

攻略HOW

地址 里昂市区

里昂有三样最引以为豪的特色：美食、足球、灯光节。里昂灯光节可以追溯到17世纪，当时里昂人点起蜡烛祈祷鼠疫的平息。而如今，灯光节早已成为里昂每年最重要的节日之一。灯光节以贝勒库尔广场为中心，周围80多处风格各异的灯光秀让人目眩神迷。各处灯光秀所显露出来的设计者的独具匠心更是让人拍案叫绝。

8

透视画法壁画

位于街市上的美妙壁画 ▌推荐星级 ★★★★

攻略HOW

地址 Rue de la Martinière
交通 乘地铁A线在Hôtel de Ville站出站

透视画法壁画是里昂市内一处最具特色的景观。大约150幅使用透视画法所作成的壁画位于里昂各个建筑物之上，绘画的内容多为里昂的城市风光、历史名人等，和本身的建筑很好地融为一体，甚至可以以假乱真。壁画中最有名的当数《里昂名人肖像》，里面绘制了30多位在里昂出生的名人，他们位居于各个阳台之上。在观赏壁画的同时，人们仿佛进入了历史的长河，和这些人开始交流。

里昂老城区

里昂古老历史的遗存 ▌推荐星级 ★★★★

攻略HOW

地址 44 Rue Saint-Jean, 69005 Lyon, France

电话 04-78424889

里昂自15世纪时起就是法国重要的政治、经济和文化中心，是当时世界上最大的丝织品产地。里昂老城区位于索恩河北岸，如今依然保留着文艺复兴时期的古色古香。这里的民居大多都用红瓦铺设屋顶，蜿蜒起伏的狭窄街道，石子铺设的路面都在向人们叙述着沧桑的历史。周围诸多古迹也更是吸引了不少游客。

里昂

10 泰特多尔公园

法国首屈一指的绿地 ▌推荐星级 ★★★★

　　作为里昂城市之肺的泰特多尔公园不光是这里最大的公园，也是法国首屈一指的美丽绿地。这座公园共有7个入口，其中最有特色的当数建造在湖上的"罗讷河之童"入口。公园内拥有规模广大的草地和绿意盎然的树林，还有玫瑰、芍药等艳丽花朵组成的花园。走在这大自然的包围中，让人心旷神怡，公园的魅力就是在这一草一木之中。

攻略HOW

地址 Parc de la Tête d'Or, 69006 Lyon, France

电话 04-37472375

11 阿讷西小岛宫

建在水上的古堡 ▌推荐星级 ★★★★

地址 阿讷西火车站步行即可到达

电话 04-50338730

门票 3.4欧元

阿讷西自古以来便被人们称作"萨瓦省的威尼斯"，奔流的Thiou河贯穿了整座城市，小岛宫就位于河中央的岛上。这里原本是一座水上监狱，锥形宫殿的造型使之成为阿讷西的标志性建筑。如今这里已经成为阿讷西的城市博物馆，记载着这里数百年的历史。

12 阿讷西堡

外观典雅的古堡 ▌推荐星级 ★★★★

攻略HOW

地址 Place du Château

电话 04-50338730

门票 4.8欧元

始建于12世纪的阿讷西堡拥有4座古老的砖塔，其中建于13世纪的皇后塔高15米，因日内瓦伯爵怀疑妻子不忠将其囚禁于此而闻名。阿讷西堡的主体建筑建于16世纪末，由于受枫丹白露宫的影响，建筑华美典雅，20世纪50年代开始作为展示当地历史的博物馆。

13 夏蒙尼

独特的冰雪风光 ▮ 推荐星级 ★★★★★

夏蒙尼是一处为阿尔卑斯山所环绕的小城，冰川从主峰勃朗峰铺陈而下，

攻略HOW

地址 法国东部
交通 从里昂车站乘坐TGV火车到阿讷西，再换乘去往St-Gervais的特快车，然后换乘火车
电话 04-50535890

在这里形成了一处美丽异常的冰雪景观。同时这里也成了冰雪运动的胜地，第一届冬奥会就是在这里举行的。人们可以在这里尽情享受滑雪、攀岩、登山等活动，也使得这座城市拥有了来自世界各地的风情。

14 蒙特维冰河列车

开往神奇冰河的列车 ▌推荐星级 ★★★★

在夏蒙尼车站不远处就是著名的蒙特维车站，这里有一趟红色的列车，专门将客人们从夏蒙尼带往海拔1913米的冰河，所以也被称作冰河列车。通过这趟列车，人们可以抵达位于勃朗峰山背面的巨型冰河，观赏这举世罕见的冰河奇景。

攻略HOW

交通 蒙特维火车站乘冰河列车
电话 04-50533080

15 南针峰

通过索道观赏壮美雪景 ▌推荐星级 ★★★★

攻略HOW

地址 Telepherique de l'Aiguille du Midi
交通 乘缆车在南针峰下
电话 04-50533080

南针峰是阿尔卑斯山脉中的一座山峰，海拔3842米。在正午时候从夏蒙尼眺望南针峰，太阳恰好在峰顶处，南针之名因此而来。在山上有一条世界上垂直距离最大的上山索道，从海拔1035米处直达山顶，游人们可以通过这条索道观赏山峰壮美的雪景。到达山顶后还有一座大型观景台，从这里远眺阿尔卑斯山连绵的雪山，好像身处仙境一般。

16 冰洞

每年都要重新开凿的冰洞 ▮ 推荐星级 ★★★★

攻略HOW

交通 蒙特维火车站乘冰河列车在终点下

电话 04-50533080

冰洞位于勃朗峰的半山腰，形成的历史至少在千年以上。走进冰洞就像是进入了一座大型的冷库，里面就是冰雪的世界。各种冰柱、冰凌、冰花形成了一个奇幻的世界，让人不禁沉醉其间而不能自拔。值得一提的是，每年冰洞都会在重力的作用之下发生扭曲，因此需要重新开凿。也就是说我们每年看到的冰洞景观都会不同，这也是这里最大的魅力所在。

17 依云镇

休闲度假的好去处 ▮ 推荐星级 ★★★★★

攻略HOW

地址 法国东部莱芒湖南侧

因矿泉水而闻名的依云镇是个背靠阿尔卑斯山、面临莱芒湖、仅有7500名居民的法国小镇，小镇内古朴的街道两侧林立着19世纪末到20世纪初的精美建筑。依云镇一多半的财政收入都来自知名的依云矿泉水，据说这里源自阿尔卑斯雪峰的冰川水需要经过15年的沉积渗透才能成为不需任何加工就直接装瓶销往全世界的依云矿泉水。

13 马赛

13 马赛

PLAY

好玩

① 马赛旧港

马赛历史最悠久的地方 ▌推荐星级 ★★★★

马赛旧港始建于古希腊时期，迄今已经度过了2000多年的时光，历史上几经毁坏重建，现存的建筑物大都是"二战"后修筑的。这个港口的景色优美，是马赛的标志性景点，有着浓郁的地中海风情，附近的圣约翰城堡和圣尼古拉城堡都是颇具看头的景点。来到马赛旧港可以感受到最为正宗的马赛风情，能够更好地了解这个因《马赛曲》而扬名天下的城市。

攻略HOW

地址 34 Quai du Port, 13002 Marseille, France

交通 乘坐地铁1号线在Vieux-Port站出站

电话 04-91905343

② 伊夫堡

关押基度山伯爵的堡垒 ▌推荐星级 ★★★★

　　伊夫堡是马赛诸多海岛城堡中最著名的一个，它是因大仲马的千古名篇《基度山伯爵》而扬名天下的。这个城堡本是一个捍卫马赛港的军事要塞，因此地势极为险要。漫步在城堡内部能够感受到这里的阴森恐怖的气息，游客们还可以来到根据小说内容而设置的景区内参观，体验下基度山伯爵的悲惨遭遇。

③ 罗马船坞博物馆

展示罗马时期港口情形的博物馆 ▌推荐星级 ★★★★

攻略 HOW

地址 28 Place Vivaux, 13002 Marseille, France

交通 乘坐地铁1号线在Vieux-Port站出站

电话 04-91912462

门票 2欧元

罗马船坞博物馆是马赛最具海港特色的博物馆，这里展出的物品大都是近几十年来所挖掘出的古罗马文物。这个博物馆是以罗马时期的各种港口用品为主题的，展出有各种使用工具和生活物品，其中包括各种陶瓷、硬币、度量器具等。来到这里可以一窥当时的港口风情，各种详细的资料则让历史爱好者了解到马赛航运的发展史。

4 马约尔大教堂

华美的古典教堂 ▓ 推荐星级 ★★★★

攻略HOW

地址 Place de la Major, 13002 Marseille, France

交通 乘坐地铁1号线在Vieux-Port站出站

电话 04-91905357

马约尔大教堂是马赛最具欣赏价值的教堂，它是典型的拜占庭式建筑，主体风格高大雄伟，又不乏华美与精致之处。新教堂建于19世纪中叶，巨大的圆顶是它的象征，而建于12世纪的老教堂则是哥特式建筑的代表，两座教堂交相辉映，有着独特的对比之美。马约尔大教堂的景点众多，特别适合游客拍照留念。

5 古救济院

富有特色的博物馆 推荐星级 ★★★★

攻略HOW

地址 19 Rue de Grignan, 13006 Marseille, France

交通 乘坐地铁2号线在Joliette 站出站

电话 04-91547775

古救济院是一栋波旁王朝路易十四在位时建造的贫民救济所，整体风格简朴大方，颇具看点。这里现在已经被辟为专门展示地中海沿岸地区的考古成就的博物馆，许多展品都是极为珍贵的文物。博物馆内的展品既有平民百姓所使的生活用品，也有王公贵族所钟爱的奢侈品，当然也少不了作为文明组成部分的武器。

6

马赛市政厅

马赛最华美的市政建筑 ▌推荐星级 ★★★★

马赛市政厅是这座城市的标志性建筑之一，它是以华美的外形而著称的。这座建筑是由粉红色的岩石砌筑而成的，因而格外引人注目，它的上部有一尊法王路易十四的雕像，它的毁坏与复原的历史则是法国几百年风雨历程的一个缩影。马赛市政厅的装饰典雅大方，内部的许多雕塑都是饱经风霜的艺术品。

攻略HOW

地址 4 Place Daviel, 13002 Marseille, France

交通 乘地铁1号线在Vieux-Port站出站

电话 04-9191153

马赛

179

7 圣维克多修道院

马赛最古老的建筑物之一 ▌ 推荐星级 ★★★★★

攻略HOW

地址 3 Rue de l'Abbaye, 13007 Marseille, France

交通 乘坐地铁1号线在Vieux-Port站出站

电话 04-96112260

历史悠久的圣维克多修道院建造于西罗马帝国的末期，又几经毁坏修复，所以有着坚固异常的墙壁和附属建筑。这里最具吸引力的景点，当属那座独特的地下教堂，这里拥有众多的石棺和石碑，来到这里可以简略地了解到基督教在马赛地区的发展历史。在圣维克多修道院可以感受这里宁静的气息，游人们在这里很容易就能进入空灵状态。

8 # 马赛市立歌剧院

马赛的艺术表演中心 ▌推荐星级 ★★★★

攻略HOW

▌**地址** 2 Rue Molière, 13001 Marseille, France

▌**交通** 乘坐地铁1号线在Vieux-Port站出站

▌**电话** 04-91550070

马赛市立歌剧院是一栋历史悠久的建筑物，它的主体建筑有着18世纪的典型风格，典雅大方之处令人赞叹不已。来到剧院的内部就能感受到强烈的现代风格，各种先进的声光影音设备应有尽有，能让观众获得最好的视听享受。这个歌剧院不但是歌剧、音乐会的表演场地，同时还是芭蕾舞等艺术舞蹈的表演场地。

9 坎缇尼博物馆

马赛最著名的博物馆之一 ▌推荐星级 ★★★★

攻略HOW

地址 19 Rue de Grignan, 13006 Marseille, France

交通 乘坐地铁1号线在Vieux-Port站出站

电话 04-91547775

门票 3欧元

坎缇尼博物馆的展品众多，是了解法国20世纪前期艺术作品的好地方。这个展馆收藏了当时流行的诸多现代主义艺术派别的作品，其中就包括著名的野兽派、立体派和抽象派等代表人物的杰出作品，这里同时还展出了超现实主义流派的诸多作品，当然最引人注目的则是大画家毕加索晚期的一些作品。

10 马赛美术馆

了解马赛地区艺术发展的地方 ▌推荐星级 ★★★★

攻略HOW

地址 19 Rue de Grignan, 13006 Marseille, France

电话 04-91547775

马赛美术馆是收藏各类艺术品的地方，其中的部分作品都是与这座城市的命运息息相关的。这里最出名的作品是埃克尔德·普罗旺斯的名作《瘟疫侵袭的马赛》，它生动地再现了当时的悲惨情形，令人感到震撼不已。马赛美术馆内还收藏了蒙蒂利切、波利等的作品，附近的历史博物馆也是值得参观的好地方。

圣母加德大教堂

马赛的标志性景点 ■ 推荐星级 ★★★★★

攻略HOW

地址 Place du Colonel Edon, 13006 Marseille, France

交通 从利浦农布码头左转，再沿坡道向上前行

电话 04-91134080

　　建筑在小山上的圣母加德大教堂是马赛的标志性景点，许多与马赛相关的艺术作品和影视节目中都会出现它的身影。这是一栋高大雄伟的哥特式建筑，笔直的塔楼是它醒目的特征。但是最引人注目的还是那位于教堂正门上方的圣母像，它高达9.7米，在阳光照射下散发的光芒笼罩整个马赛城。来到圣母加德大教堂能俯瞰马赛美丽的城市风光，还能远眺那波澜壮阔的地中海。

12 拉卡讷比耶尔大道

典型的西欧步行大道 ▌推荐星级 ★★★★

地址 La Canebière
交通 乘地铁1号线在Vieux-Port站出站

拉卡讷比耶尔大道在马赛众多的街道中并不是最出名的一个，但是它却拥有最典型的近代欧洲街道风情，因此是一个备受游人追捧的景点。这条街道的主要特色在于两侧的古建筑，它们大都建造于18、19世纪，饱经岁月的洗礼，更加显露出那典雅大方的特点。这里是一个适合游人漫步的地方，同时也是适合拍照留念的街道。

13 隆尚宫

马赛著名的建筑景点 ▌推荐星级 ★★★★★

攻略HOW

地址 4ème Arrondissement Marseille, 13004 Marseille, France
交通 乘坐地铁1号线、公交车81路或电车2路在Avenues Longchamp站出站
电话 04-91641575

隆尚宫是马赛最著名的宫殿式建筑景点之一，它的整体风格典雅大方，各种纷繁华丽之处则不亚于别的地方。这栋建筑有着壮观的气势，它结合多种建筑风格的元素，却没有丝毫的突兀之处，令人赞叹不已。建筑内部的各种雕塑也是精美异常，它们大都取材于宗教神话故事，有着极为华丽的造型。

好买

1 马赛肥皂店

选购传统的马赛肥皂 ▌推荐星级 ★★★★★

攻略HOW

地址 106 Quai du Port, 13002 Marseille, France

交通 乘地铁1号线在Vieux-Port站出站

马赛肥皂外观非常普通，甚至切割的边缘都不甚平整，传统的马赛肥皂由橄榄油和棕榈油制成，是无数游人来马赛必买的纪念品。位于马赛旧港的Savon de Marseille是马赛最有名的肥皂店，所有肥皂均为手工制作10天才完工。

普罗旺斯 14

PLAY 好玩 187

好玩

I 阿维尼翁教皇宫

教皇克雷蒙特五世的居所 ▌推荐星级 ★★★★★

攻略HOW

地址 6 Rue de la Pente Rapide, 84000 Avignon, France

交通 从阿维尼翁火车站步行大约10分钟即可到达

电话 04-90275000

门票 10.5欧元

1309年，教皇克雷蒙特五世曾为躲避战乱居住在阿维尼翁，之后共有9位教皇先后居住于此，阿维尼翁教皇宫也因而成为当时欧洲天主教世界的中心，教皇宫的建筑和内部装饰也日渐奢华，成为当地的标志性建筑。

2 圣母院

近千年历史的圣母院 ▌推荐星级 ★★★★

　　毗邻教皇宫的圣母院建于12世纪，这座圣母院不同于其他地方的一大特色就是在内部设有一座规模不大的小美术馆，收藏有中世纪和文艺复兴时期的画作与阿维尼翁当地的手工艺品。

攻略HOW

地址 Place du Palais Cathédrale

交通 从阿维尼翁火车站步行大约10分钟即可到达

电话 04-90868101

3 圣贝内泽桥

法国民谣《在阿维尼翁桥上》 ▌推荐星级 ★★★★

攻略HOW

地址 6 Rue Pente Rapide Charles Ansidei

交通 从阿维尼翁火车站步行即可到达

电话 04-90275188

门票 4.5欧元

　　因《在阿维尼翁桥上》这首民谣而闻名的圣贝内泽桥据说之前曾有22个拱门，在1668年罗讷河河水泛滥后仅剩下一小段，桥上依旧残留有祭祀贝内泽的圣尼古拉斯礼拜堂。

4 染匠街

感受阿维尼翁的小镇风情 ▌推荐星级 ★★★★

攻略HOW

地址 Rue des Teinturiers

交通 从阿维尼翁火车站步行大约10分钟即可到达

　　17—18世纪，阿维尼翁以纺织业而闻名，当时这里的织布工人纷纷选择在Sorgue河中进行染布和清洗工作，久而久之，毗邻的街道也就被称为染匠街。现今的染匠街上虽然早已没有当年的染布坊，却依旧繁华，各式咖啡馆、餐厅、酒吧和小戏院林立，使得这里吸引了众多观光客慕名而来，可感受阿维尼翁独特的小镇风情。

塞农克圣母修道院

法国最美的修道院之一 ▌**推荐星级** ★★★★

攻略 **HOW**

地址 Place Maurice Charretier
交通 04-90720572
门票 7欧元

修建于1148年的塞农克圣母修道院是由一位院长和12位僧侣建立而成，整体建筑呈现出一种朴素的美感。塞农克圣母修道院的最大特色就是在修道院外有一大片薰衣草花田，每当花开时都会被紫色花海包围，被公认为法国最美的修道院之一。

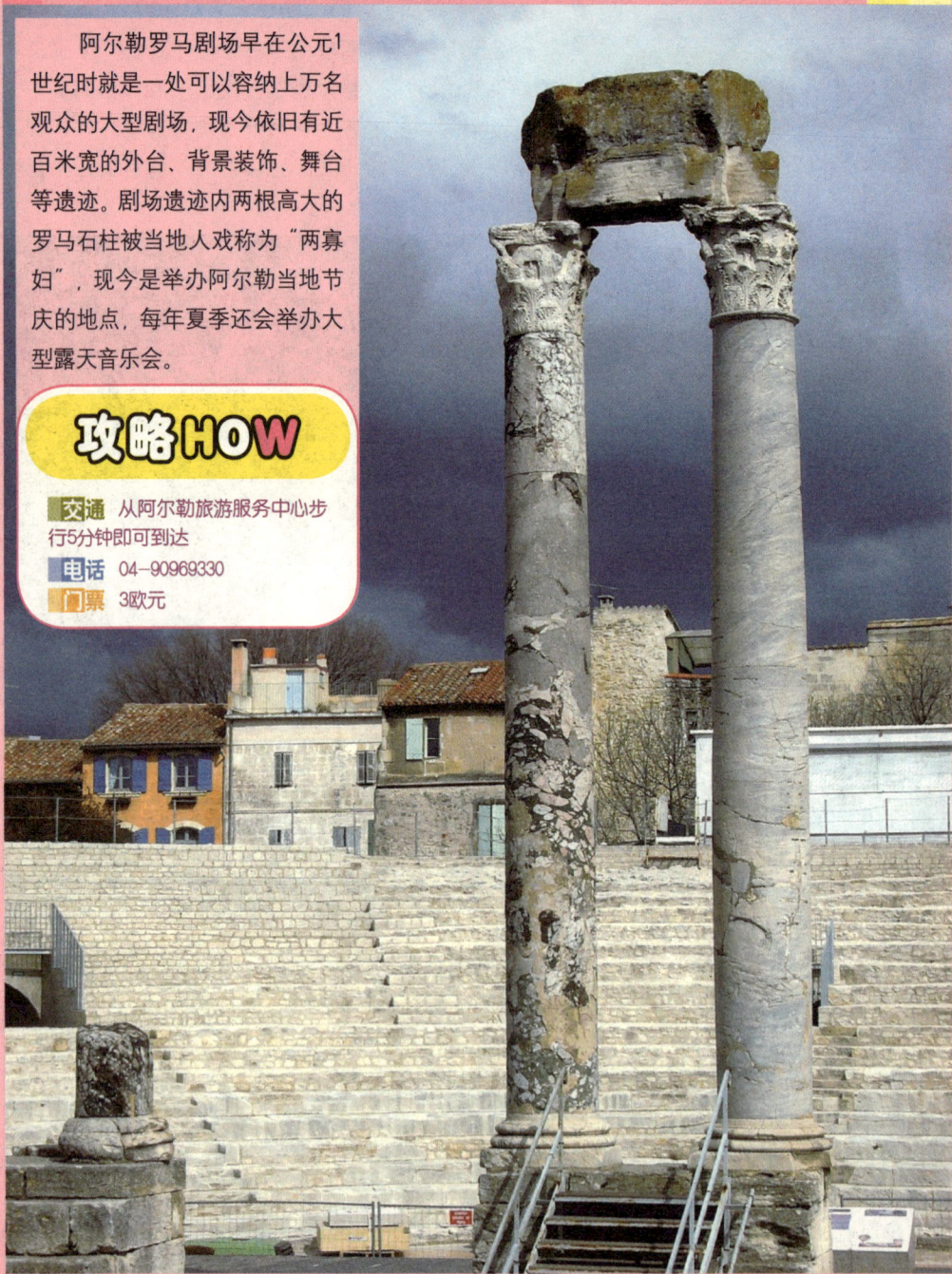

6 阿尔勒罗马剧场

古罗马时代的露天剧场 ▌推荐星级 ★★★★

阿尔勒罗马剧场早在公元1世纪时就是一处可以容纳上万名观众的大型剧场，现今依旧有近百米宽的外台、背景装饰、舞台等遗迹。剧场遗迹内两根高大的罗马石柱被当地人戏称为"两寡妇"，现今是举办阿尔勒当地节庆的地点，每年夏季还会举办大型露天音乐会。

攻略HOW

▌**交通** 从阿尔勒旅游服务中心步行5分钟即可到达
▌**电话** 04-90969330
▌**门票** 3欧元

7 阿尔勒罗马竞技场

保存完整的古罗马遗迹 ▎推荐星级 ★★★★★

攻略HOW

地址 Rond-pont des Arenes
交通 从阿尔勒旅游服务中心徒步北行10分钟即可到达
电话 04-90960370
门票 5.6欧元

　　始建于公元1世纪的阿尔勒罗马竞技场规模庞大，可容纳20000名观众。竞技场是一座高23米的椭圆形建筑，共有60余扇拱门，其建筑风格充满希腊殿堂式建筑的特色，是整个普罗旺斯地区保存最完整的古罗马遗迹。在参观竞技场之余，游人还可登上竞技场入口的高塔一览周围风光。

8 阿尔勒古迹博物馆

了解阿尔勒的历史 ▍推荐星级 ★★★★

攻略HOW

地址 Prés qu'ile−du−Cirque−Romain

电话 04−90188893

门票 6欧元

位于阿尔勒新城区的古迹博物馆展示了大量阿尔勒地区发掘出的遗址古迹，其中不仅有罗马剧场和竞技场的复原模型，也有大量写有拉丁文的石棺。世界闻名的维纳斯雕像虽然在卢浮宫展出，但由于源自阿尔勒，在馆内也可欣赏到一尊复制的维纳斯雕像。

9 阿尔勒医院

凡·高割去耳朵的医院 ▍推荐星级 ★★★★

攻略HOW

地址 Place Dr.Felix Rey
电话 04—90493939

　　凡·高在阿尔勒居住期间曾经居住的这间医院因凡·高割掉自己的耳朵而闻名，在住院期间凡·高为了逃避压力而拿起画笔，但却再也无法画出之前那样的作品。现今的阿尔勒医院已经改建为文化中心，但院中花园依旧保留了当年的外观。

10 共和广场

立有方尖碑的广场 ▌推荐星级 ★★★★

攻略HOW
地址 Place de La Republique

建于15世纪的共和广场立有一尊用土耳其花岗岩制成的方尖碑，这尊方尖碑最初位于罗马剧场，17世纪移到这里，是珍贵的古罗马遗迹之一。毗邻广场的阿尔勒市政厅也建于17世纪，其立面的石雕装饰典雅细腻。

11 凡·高纪念艺廊

纪念凡·高的艺廊 ▌推荐星级 ★★★★

攻略HOW
地址 24bis Rond-Point des Arenes
电话 04-90499404
门票 6欧元

毗邻罗马竞技场的一条小巷内隐匿着凡·高纪念艺廊，这座3层高的建筑内收藏了来自世界各地艺术家创作的作品，这些为表达对凡·高敬意的作品风格多样，有前卫、后现代、写实和实验的风格。

12 凡·高咖啡馆

凡·高作画的咖啡馆 ▌推荐星级 ★★★★

攻略HOW
地址 11 Place du Forum
电话 04-90964456

凡·高在这间咖啡馆曾经创作了多部作品，1888年9月，凡·高在这里画下了《星空下的咖啡座》这幅作品，用黄色的灯光与深蓝的夜空形成鲜明对比，开创了全新的画法。现今这座咖啡馆依旧维持当年的样子，吸引了众多游人慕名而来。

13 石棺公园

基督教世界重要的朝圣地之一 ▌推荐星级 ★★★★

攻略HOW
交通 从阿尔勒游客服务中心步行10分钟即可到达
门票 3.5欧元

石棺公园创立于古罗马时期，公元4世纪来自阿尔勒的基督教殉道修士Saint Genest安葬于此，之后欧洲各国的朝圣者纷纷来到这里环绕着Saint Genest的墓地寻求其庇护，从5世纪开始逐渐发展成为基督教世界重要的朝圣地之一。

圣托菲姆教堂

欣赏《最后的审判》雕刻 ▮ 推荐星级 ★★★★

攻略HOW

- **地址** St-Trophime Cloister
- **电话** 04-90493353
- **门票** 3.5欧元

建于11世纪末的圣托菲姆教堂位于数座旧教堂遗址上，是一幢仿罗马式建筑。圣托菲姆教堂的正门上雕刻着《最后的审判》中圣徒与天使的形象，教堂回廊内的石柱上也都雕刻着精致的人像。

15 阿尔勒公园

悠闲的绿地 ▮ 推荐星级 ★★★★

　　占地广阔的阿尔勒公园环境幽静，绿意盎然，在公园内竖立有一座凡·高纪念碑，碑上标志着各种阿尔勒与凡·高之间的紧密联系，是凡·高爱好者不可错过的一处景点。

攻略HOW

交通 从阿尔勒游客服务中心步行5分钟即可到达
电话 04-90493636

艾克斯圆亭喷泉

艾克斯最大的喷泉 ▌**推荐星级** ★★★★

位于艾克斯圆亭广场的圆亭喷泉高12米，直径32米，是艾克斯地区规模最大的喷泉，建于1860年的圆亭喷泉是拿破仑三世的首席城市建筑师De Tournadre设计修建，装饰有天使、天鹅、狮子的青铜雕像，喷泉上还有不同设计师设计的三座大理石雕像，分别指向米拉波林荫大道、阿维尼翁和马赛。

攻略HOW

交通 艾克斯火车站步行10分钟即可到达

普罗旺斯

17 葛哈内博物馆

收藏普罗旺斯地区画家的作品 ■ 推荐星级 ★★★★

攻略HOW

地址 Place St-Jean de Malte

交通 艾克斯火车站步行10分钟即可到达

电话 04-42528832

门票 4欧元

葛哈内博物馆因为收藏有众多葛哈内的作品而得名，其前身是圣吉姆教堂，之后作为艺术学校的时候塞尚经常来这里学习绘画技巧，现今博物馆内收藏有9幅塞尚的作品，以及众多普罗旺斯地区画家的作品。

18 米拉波林荫大道

世界上最优美的大道 ■ 推荐星级 ★★★★

攻略HOW

交通 艾克斯火车站步行5分钟即可到达

米拉波林荫大道沿街两侧林立着高大的法国梧桐树，以及大量精致典雅的中世纪建筑、雕像和喷泉，有"世界上最优美的大道"之称。在米拉波林荫大道观光散步之余，游人也可在这里沿街开设的露天咖啡座和餐厅小憩片刻。

19 塞尚故居

印象派大师的故居 ▌推荐星级 ★★★★

出生于艾克斯的塞尚是后期印象派的重要成员，被誉为20世纪绘画、理论的现代启蒙导师。塞尚在艾克斯居住的房子位于米拉波林荫大道，参观完塞尚故居，游人还可以顺道前往毗邻的双叟咖啡馆，感受塞尚和左拉两位艺术大师经常造访的这家知名咖啡馆的艺术气息。

攻略HOW

地址 55 Cours Mirabeau
交通 艾克斯火车站步行5分钟即可到达

20 塞尚画室

塞尚最后的工作室 ▌推荐星级 ★★★★

塞尚画室内依旧保持着塞尚最后工作时的样子，天使雕像与水果石膏、用剩的画笔、帽子、大衣等一切都仿佛在等待主人归来。除了塞尚的工作室外，屋外的花园也是美轮美奂，还可观看这里播放的塞尚生平作品影片。

攻略HOW

地址 9 Avenue Paul Cézanne
交通 乘1号巴士在Cézanne站下
电话 04-42210653
门票 5.5欧元

附：摩纳哥15

PLAY
好玩
201

EAT
好吃
206

好玩

① 摩纳哥大教堂

摩纳哥最华美的教堂 ▍推荐星级 ★★★★

摩纳哥大教堂是一栋华美的宗教建筑，它的整体建构精巧，有着鲜明的拜占庭式建筑风格。这座教堂有着雄伟壮丽的气势，是该城的标志性建筑物之一，也是该国王室的御用教堂，许多王室成员都埋葬于此，其中最著名的是以好莱坞明星身份成为摩纳哥王妃的格蕾丝·凯莉。教堂内的装饰精美，各种屏风、壁画都是不可多得的艺术品，具有极高的观赏价值。

攻略HOW

地址 4 Rue du Colonel Bellando de Castro, 98000 Monaco, Monaco

交通 从巴黎里昂车站乘坐TGV火车到达摩纳哥，之后步行即可到达

电话 377-93308770

② 亲王宫

摩纳哥亲王居住的地方 ▌推荐星级 ★★★★★

攻略HOW

地址 Place du Palais, 98000 Monaco, Monaco

交通 从巴黎里昂车站乘坐TGV火车到达摩纳哥，之后步行即可到达

电话 377-93251831

　　亲王宫自摩纳哥公国成立以来一直是摩纳哥亲王的住所，它是由一组海岸防御堡垒改造而成，现在则是摩纳哥最著名的景点之一。这里面朝地中海，风景极为优美，王宫内的博物馆则是了解摩纳哥历史和中世纪文化的好地方。来到博物馆可以看到不同时期的各种建筑，还有精美的装饰品。

3 热带植物园

汇集世界各地珍稀物种的植物园 ▍ 推荐星级 ★★★★

热带植物园在摩纳哥众多的展馆中是相当著名的一个，这里收集了不同地域的各种珍稀植物，尤其以独特的热带植物为最多。漫步在植物园里可以看到那些只能在电视、电影中才能得以见到的珍稀植物，它们有着奇妙的形态和生活环境，常令人啧啧称奇。植物园内的山丘顶部是摩纳哥的制高点，在那儿可以俯瞰优美的城市风光。

4 航海博物馆

摩纳哥的王牌景点之一 ▍ 推荐星级 ★★★★

摩纳哥航海博物馆是全球最早的主题博物馆之一，馆内收集了各种海洋生物的遗骨和标本，是了解其习性及演变历史的好地方。这里最著名的展出物当数一条巨大的蓝鲸标本，它的庞大身躯，令观者为之震撼，鲨鱼、章鱼、乌贼等生物的标本也是颇具吸引力的展品。博物馆内还建有珊瑚礁展区，游客们在那里可以清晰地了解到光怪陆离的海底世界。博物馆还包括一个很重要的科学藏馆，收藏有潜水设备和船模。

5 国家博物馆

摩纳哥最受女性欢迎的博物馆 ▌推荐星级 ★★★★

国家博物馆是摩纳哥最有特色的博物馆之一，馆内展品众多，其中以各种人偶最为出名。这个博物馆是一栋华丽的巴洛克式建筑物，有着精致典雅的装饰物，各种精美之处，令人赞叹不已。博物馆内收集各种玩偶有400余个，它们很多都位于精心设计的微缩场景之中，极为可爱，特别适合爱好者拍照留念。

攻略HOW

地址 Ave.Princesse Grace
交通 从摩纳哥游客服务中心步行即可到达
电话 377-93309126
门票 6欧元

6 摩纳哥邮票钱币博物馆

极富趣味性的博物馆 ▌推荐星级 ★★★★

攻略HOW

地址 Terrasses de Fontvieille, 98000 Monaco, Monaco
电话 377-93154150
门票 3欧元

摩纳哥邮票钱币博物馆内展出的都是摩纳哥王室几百年来收集的各种珍品，其中许多珍品都是别处见不到的。这里展出了自"黑便士"发行以来的各种邮票，既有珍贵的纪念版邮票，也有曾大量发行的普通邮票，可谓一处简明的邮票发展史课堂。博物馆还展出了历史上由不同政权发行的钱币，部分展品都是难得一见的。

MUSEE DES TIMBRES ET DES MONNAIES

7 圣德沃特教堂

具有宗教意义的教堂 ▍推荐星级 ★★★★

这个教堂是纪念摩纳哥公国及其政权保护神圣女圣德沃特的地方，在当地市民的心中地位极其崇高。这个教堂的造型雄伟，极具气势，因此在摩纳哥举行的各种汽车大比赛都会将这里作为重要的标志物。每年的1月这里都会举行著名的圣德沃特节，并在26日的时候将一艘小船点燃，以作为纪念。

攻略HOW

地址 Place Sainte-Dévote, 98000 Monaco, Monaco
电话 377-93505260

8 摩纳哥港

布满豪华邮轮的港口 ▍推荐星级 ★★★★

攻略HOW

地址 摩纳哥东部海边

摩纳哥港是世界著名的港口之一，与其他大型船只频繁进出而显得格外繁忙的港口不同，这里则是以汇集各种豪华邮轮而出名的。港口周边地区的风景优美，平坦的道路是F1赛车比赛的必经之地，会让漫步在道路两旁的游客们心潮澎湃起来。这里还是摩纳哥著名的美食区域，各种口味齐聚在此，让游客能够品尝到各地佳肴。

9 蒙特卡洛国际娱乐场

摩纳哥最著名的景点 ▍推荐星级 ★★★★★

攻略HOW

地址 蒙特卡洛

蒙特卡洛国际娱乐场是世界上最著名的赌场之一，已经成为这个城市、这个国家的象征。国际娱乐场的外形是一座古色古香的建筑，它的内部装饰极为华丽，给人一种金碧辉煌的感觉。这里不但拥有各种赌博器具供人一试身手，同时还是摩纳哥举办各种大型会展的地方，各种大型国际会议、知名歌手的演唱会和名家荟萃的歌剧表演都会在这里举行。

15 附：摩纳哥

EAT

好吃

1 巴黎大饭店

摩纳哥豪华饭店的代名词 ▌推荐星级 ★★★★★

巴黎大饭店是摩纳哥最有名气的大型酒店，开业一百多年来，迎接了无数名流，从政界要人到影视明星。这家饭店的装饰风格豪华典雅，细节之处，尽善尽美，服务周到，令人无可挑剔。来到这里可以欣赏到饭店内收藏的华美艺术品，品尝到风靡世界的法国佳肴，有心的游客还能欣赏到摩纳哥的市区风光。

攻略HOW

地址 Place du Casino, 98000 Monte-Carlo, Monaco

交通 从摩纳哥游客服务中心步行5分钟即可到达

电话 377-92680689

2 赫米提兹饭店

摩纳哥最好的饭店之一 ▌推荐星级 ★★★★

攻略HOW

地址 Square Beaumarchais, Monaco

电话 377-98065970

赫米提兹饭店是摩纳哥最受游客欢迎的饭店，这里有着南欧特有的热情氛围，能够感染每一位来到这里的游客。这家饭店的装饰采用意大利的风格，有着热情奔放的整体感觉，特别适合情侣以及夫妻前来居住。赫米提兹饭店的客房位于海边，游客们可以尽情地欣赏地中海的诸般美景。

巴黎 好吃好玩真好买

EAT PLAY BUY

编写组

《好吃好玩》编辑部
执行主编：兰亭 苏林
编写组成员：

陈 永	陈 宇	崇 福	褚一民
付国丰	付 佳	付 捷	管 航
贵 珍	郭新光	郭 政	韩 成
韩栋栋	江业华	金 晔	孔 莉
李春宏	李红东	李 濛	李志勇
廖一静	林婷婷	林雪静	刘博文
刘 成	刘 冬	刘桂芳	刘 华
刘 军	刘小凤	刘晓馨	刘 艳
刘 洋	刘照英	吕 示	苗雪鹏
闵睿桢	潘 瑞	彭雨雁	戚雨婷
若 水	石雪冉	宋 清	宋 鑫
苏 林	谭临庄	佟 玲	王恒丽
王 诺	王 武	王晓平	王 勇
王宇坤	王 玥	王铮铮	魏 强
吴昌晖	吴昌宇	武 宁	肖克冉
谢 辉	谢 群	谢 蓉	谢震泽
谢仲文	徐 聪	许 睿	杨 武
姚婷婷	于小慧	喻 鹏	翟丽梅
张爱琼	张春辉	张丽媛	赵海菊
赵 婧	朱芳莉	朱国檫	朱俊杰

责任编辑：王　颖
装帧设计：城市地标
责任印制：闫立中

图书在版编目（ＣＩＰ）数据

巴黎好吃好玩真好买 / 《好吃好玩》编写组编著
. —— 北京 ：中国旅游出版社，2011.10
（好吃好玩系列）
ISBN 978-7-5032-4235-9

Ⅰ．①巴… Ⅱ．①好… Ⅲ．①旅游指南－巴黎 Ⅳ．
①K956.59

中国版本图书馆CIP数据核字(2011)第162359号

书　　名：巴黎好吃好玩真好买

编　　著：《好吃好玩》编写组
出版发行：中国旅游出版社
　　　　　（北京建国门内大街甲9号 邮编：100005）
　　　　　http://www.cttp.net.cn　Email:cttp@cnta.gov.cn
　　　　　营销中心电话:010-85166503
经　　销：全国各地新华书店
印　　刷：北京金吉士印刷有限责任公司
版　　次：2011年10月第1版　2011年10月第1次印刷
开　　本：787毫米×1092毫米　1/16
印　　张：13
印　　数：1-8000册
字　　数：250千
定　　价：39.8元

ISBN 978-7-5032-4235-9